崩 / 盤 / 照 / 買 / 的

股市肥羊
心理學

翁建原◎著

既來之　則賺之

「欸～大俠，你有一個粉絲在吹牛啦！」這是肥羊醫師第一次用臉書（Facebook）私訊我的開場白。我們在網路上很常看到一些網紅明顯的唬爛文、網友嘴砲文或者是一些大盤恐慌的恐嚇文。其他家的網紅就算了，別人不靠股票賺錢，只靠寫文章來賺錢，不關我們的事，但是如果粉絲在肥羊醫師創立的「股市肥羊」社團中發唬爛幻想文，不用說啦！「嘴砲行為的下場一定是立馬踢。」

來股市就是要賺錢，沒有太多仁義道德。你看空就做空、看多就做多，把鈔票拿出來買賣股票就對了。不要以為身為做多的我們，討厭別人放空，我們其實超級歡迎別人幫忙放空，把股價打下來，這樣才能讓我們買到更多便宜的股票，也更能順利執行肥羊醫師的「標準型肥羊派波浪理

論」：「股價每上漲 5%，賣出 5% 股票數量；股票每下跌
5%，買進 5% 股票數量。」但是！我們只歡迎真槍實彈的
放空專家，任何唬爛的行為，都會遭到封鎖及剔除，把思
想不專一的雜羊剔除，這樣才能統領好羊群的士氣。

不用覺得我們這樣做不民主，也不用覺得怎麼沒有討論
空間，或者是言論自由。本人（編按：指大俠武林）再次
強調：「股市就是一言堂，只談錢，完全沒有什麼仁義道
德可談。」要知道外資要大賣股票，把股價砍到跌停；或
是大買股票，把放空的人軋上天，從不會講情面。操盤黑
手放假消息，要黑你一把，你也不能像個巨大的嬰兒一樣，
參加自救會哭鬧，這一切都要怪自己無能。

出身貧民窟的肥羊醫師，太了解窮人的無奈，以及富人
的權勢遮天，他在電視上說：「窮，就是要被社會虐待。」
窮人是不可能去對抗這個社會的醜陋規則，如果你想成功，
你只能順著社會的醜陋規則做下去。明白這點就該知道，
資本市場，就是血淋淋的刀劍廝殺世界！「既來之，則賺
之。」賺到錢才是我們來股市唯一目的，而不是交朋友或
者是練文筆，肥羊醫師與我的價值觀就在這點上一拍即合，

我們都不講廢話，只談錢。

　　只談錢的一言堂社團，反而能在股災中發揮出更強大的優勢。因為打仗就是需要統一的士氣，尤其是這種跌深必反彈的金融股，要玩得好就是得在市場最恐懼最低迷的時候，拿出打落牙齒、折斷肋骨的氣勢，打出像是送死的抄底行為。

　　結果現在看起來有送死嗎？中信金（2891）、富邦金（2881）或兆豐金（2886）等，我們2人（編按：指股市肥羊和大俠武林）有讓你賠錢嗎？大家統統都早已經賺錢，這就是一言堂在股市最恐慌時候，頭戴鋼盔進場獲勝的硬幹法。

　　為啥肥羊醫師的臉書社團要叫做「股市肥羊」呢？因為這邊沒什麼正能量，只有教你黑暗面的取勝之道，而且肥羊醫師開宗明義就告訴你，來股市的羊，就是要學習被狼吃的技巧。身為羊，被狼咬死吃掉，那倒也合情合理，但一群羊狂送肉過來，看狼要怎麼吃？1隻羊吃不夠，送你2隻嘛；2隻不夠，送你4隻嘛！一直將羊肉送進狼口，送

到狼因為太貪婪，吃到「顳顎關節炎」，連嘴巴都打不開，最終受盡痛苦而死。

對付尖牙利齒的狼，用羊肉來送死，不就能贏了嗎？要是不敢正面對決，拖長時間來，讓狼一隻一隻地吃，此種膽怯，一定會讓羊群損失更多數量，倒不如在短時間內凝聚士氣，勇敢輪番上場送死，與狼定出勝負。永遠要記得，「大方面對，才是最強的攻擊招數」，順著對方的獠牙，最終才能順利執行，讓餓狼撐爆嘴巴直至身亡的黑暗策略。

這道理不就與股災時恐慌進場一樣嗎？首先，確保自己的本業無虞，然後勇敢進場接刀，就能抄到股市反轉了。最大的關鍵在於，全世界有哪一個國家的領導者，會以自己國內的大盤指數崩盤，來作為政績？都是用道瓊工業平均指數 3 萬點、台股加權指數 1 萬 3,000 點，來宣傳自己多善於搞好經濟。用這最基本的人性，就能想明白，「身為總統，他們一定會想盡辦法印鈔票，來救股市的啦！」

「我 OK，你先買。」這句話在常人眼裡看起來是譏笑，但在我們眼裡卻是極富善意的提醒。居然有人不想買便宜

的股票，還一直催促你先買，他自己等各家公司財報營收好轉、大盤指數創新高、股價也創新高時，才想到要進場大買特買那貴死人的股票，這些人的嗜好還真少見。明白狼性、明白人性，才是羊群唯一能在股票中獲勝的方式。

金融股投資達人

大俠武林

崩盤照買的股市肥羊心理學

自序 懂太多沒有用 敢不敢做才是關鍵！

　　2020 年堪稱本肥羊 21 年炒股歲月中（1999 年買中鋼（2002）和玉山金（2884）），最戲劇性的 1 年。放空者日夜期待的大崩盤，終於在 2020 年 3 月來臨。我們看到股市從 2020 年 1 月 14 日的收盤 1 萬 2,180 點（四捨五入），一路跌到 2020 年 3 月 19 日的收盤 8,681 點，下跌 3,499 點（＝1 萬 2,180 點－8,681 點），跌幅達 28.7%（＝3,499 點 ÷1 萬 2,180 點 ×100%）。

　　那群放空者在 3 月時，日夜高喊股市會跌到 6,000 點，還揚言要進行「股市財富重新分配」。然後股市就一路拉高上去，到達 2020 年 11 月 18 日的收盤 1 萬 3,773 點，就看到這群放空者，被軋到賠錢，當真印證了他們自己說的話：「股市財富重新分配。」放空者的錢，被重新分配到做多

者身上。放空愈凶的人，賠愈多；做多愈凶的人，賺愈多。

其實炒股最重要的是操盤者自己的技術。你放空遇到
2020 年 3 月崩盤，可以輸到吐血；你做多遇到大漲，也可
能會賠到破產（比方說，買到在 2020 年 8 月 18 日停止買
賣的康友 -KY（6452））。對於擅長炒股者來說，年年都
是大漲年；對於不會炒股者來說，年年都是崩盤年。賺不
賺錢，主要看你自己的炒股技術，與股市崩不崩盤，完全
無關，所以不要再看著股市漲跌高興了，因為你根本無法
從股市的漲跌中，賺到任何一塊錢。

當然，很多人會堅稱 2020 年 3 月不是崩盤，因為只有下
跌 1 個月，持續時間太短；股市跌幅只有 28.7%，也沒有超
過 50%。本肥羊不知道為何崩盤持續時間必須要超過 1 個
月，甚至半年？也不懂崩盤的跌幅，為何必須超過 50%？
既然你堅持 2020 年 3 月不是崩盤，本肥羊就當 2020 年 3
月不是崩盤。

你辯論贏了，本肥羊辯論輸了，然後呢？你辯論贏了，
能賺到錢嗎？浪費時間啊！股票是用錢下去炒的，不是用

嘴巴去辯論的，和本肥羊爭辯 2020 年 3 月不是崩盤，你到底想證明啥啊？你之所以能夠辯論獲勝，單純是因為本肥羊懶得理你而已。

2020 年的石油大崩盤也很驚人，本肥羊第 1 次看到油價可以是負的（台灣時間 2020 年 4 月 21 日凌晨，西德州輕原油期貨（WTI）價格為每桶 -37.63 美元）；也看到國內的期貨商，竟不支援負油價的交易系統，導致投資人無法下單交易，造成虧損，總共有 12 家期貨商，因為此事，被金管會開罰 516 萬元。這印證了期貨的交易風險永無止境，連交易系統都可以出問題。

曾看到電視上有位股市名師，推薦散戶玩期貨交易來避險，我只能說這位股市名師真的好天真，難怪會炒股連續賠錢 6 年。由於負油價的關係，造成元大 S&P 原油正 2 在 2020 年 11 月 13 日正式宣布下市，這證明了 ETF 一點也不安全，購買 ETF 之前，請務必「看懂」公開說明書。原本大家以為買 ETF 炒股最簡單、最無腦，沒想到現在還得「看懂」公開說明書才行，看來想要無腦投資 ETF，絕對不可能。

　　我們看到之前大力推薦元大 S&P 原油正 2 的股市名師，表示自己只是推薦而已，粉絲炒元大 S&P 原油正 2 賠錢，與自己完全無關，這種責任推卸到一乾二淨的態度，也是讓人深感震驚。原來推薦的股票賠錢，只要死不承認，說自己早就賣掉，事情就解決了，粉絲炒股賠錢，就罵粉絲沒有認真看書，所以元大 S&P 原油正 2 的風險，書上都寫得很清楚，誰叫你不好好讀書？這種兩手一攤、死不認錯的態度，本肥羊真該好好學習，以後若有粉絲炒中信金（2891）和富邦金（2881）賠錢，本肥羊只要學這位大師講話就行了。

　　還有股市名師表示：「買金融股的，全部是笨蛋。」其實這位股市名師真正想說的是：「只有跟隨我炒股，才是聰明的做法。」沒關係，反正買金融股被當成笨蛋，也不是第 1 天的事情了，我從 1999 年買玉山金開始，就被老婆當成笨蛋看待，習慣就好，當笨蛋真的沒啥啦！

　　為了展現本肥羊智商真的很低，將會全部公開所有的交易紀錄，一筆不漏，歡迎大家抄襲，不用客氣（詳見文末「股市肥羊交易紀錄全公開」）。把自己研究股市 21 年的精華，

全部免費提供，這做法夠愚蠢了吧！以後我就可以自稱「待宰的笨蛋肥羊」，終於可以換新綽號了，可喜可賀。還是那群股市名師比較聰明，交易紀錄完全不公開，這樣炒股鐵定穩賺不賠，真是天才啊！

元大 S&P 原油正 2 下市，造成許多散戶的損失，前往金管會要求國家賠償。原來炒股失敗可以要求國賠，這群散戶的異想天開，也真是讓人開了眼界，難怪每位散戶講起話來，都比股神華倫・巴菲特（Warren Buffett）還要囂張100 倍，畢竟他們炒股賺了是自己的本事，炒股賠了可以要求國家賠償。如此優秀的操盤技巧，連巴菲特都得跪下來拜師了。

但是有哪位投資元大 S&P 原油正 2 的散戶，拿到國賠了嗎？回去等著拿元大投信給的清算結果吧（編按：2020 年12 月 12 日元大投信公告元大 S&P 原油正 2 每受益權單位可分配 0.749 元）！投資 100 萬元，國賠 4 萬元嗎？元大投信用 ETF 剩下的錢，國賠給你，再附上一封感謝函，這就是散戶要的國賠嗎？台灣散戶的智商之低，讓人搖頭，本肥羊有必要從國小開始教育這群散戶，也許本肥羊要求

太高了，可能得從幼稚園教起，畢竟台灣散戶的智商實在是太低了，國小水準的炒股課程，散戶應該沒有能力吸收。

2020 年還有人因為在網路上評論生技股合一（4743），被公司一狀告上法院。這群網路酸民確實是該告一告，每次我推薦中信金和富邦金，就有一堆人狂罵這 2 家公司很爛，根本是只會自肥的銀行。很多人的網路言論，根本就是公然侮辱，我都想截圖送給公司，請公司告趴這群網路酸民了。

另外，還有人質疑我在第 2 本書《躺著賺 1 年 400 萬的肥羊養股術》裡提到，富邦金適合短線投機，不適合長期投資。對啊！你說的一點都沒錯，但我沒說過本肥羊不能搞短線投機，而且我的短線投機也不短，因為富邦金預計要炒 5 年～ 7 年，認真說來，這應該算是「長期投機」。本肥羊獨創的「標準型肥羊派波浪理論」：「股價每上漲 5%，賣出 5% 股票數量；股票每下跌 5%，買進 5% 股票數量。」其實就是「長期投機」。

如果你不認同別人推薦的股票，退出社團不就好了？每

天出張嘴叫囂，還自以為正義，這群網路酸民真是讓人厭惡。還好我的「股市肥羊」社團沒有這種人，因為全部被我踢光了。

2020 年真是多采多姿的 1 年，溢價 1 倍的美德醫療 -DR（9103），有跑去做短線價差，甚至做當沖的「假存股族」；有死不認錯的放空者，至今依然堅持著 2021 年將會大崩盤。千萬別忘了大漲的台積電（2330），真的是連肥雞雞都能飛上天啊！希望 2021 年也能如此精彩。無論台積電的股價是 500 元還是 1,000 元，本肥羊都不會買台積電，只碰自己懂的股票，這是本肥羊一輩子的堅持。

本肥羊有鑑於目前市面上的股票書籍，多半只有教導股市兵法，對於股市心理學完全不提。因此本書特別注重股市心理學，只有 Chapter 1 提到股市兵法，剩下的篇章都是在談股市心理學。我個人認為：「懂太多沒有用，敢不敢做才是關鍵！」比起股市兵法，股市心理學重要太多了。

本書完稿之時，我剛滿 20 歲的兒子也已經辭去工作，接受老爸的股市訓練。如果沒有意外，我兒子將會是台灣「最

年輕」的全職股市操盤者，很羨慕我兒子嗎？有個好老爸，你也能做到的；或者你也可以當個好老爸，讓你兒子做到。

閨中少婦不知愁，春日炒股買石油。
忽見崩盤負油價，悔信專家業配文。

股市肥羊
翁建原

股市肥羊交易紀錄全公開

股市肥羊的證券存摺1

	日期	證券名稱 Securities	摘要 Memo	提出數額 Withdrawal	存入數額 Deposit	餘額 Balance
1					980124	55
2	108 05 28	中信金丙特	賣 出	*********3,960		***********0
3	108 05 29	中信金	買 進		*********3,000	********600,000
4	108 07 12	中信金	賣 出	********120,000		********480,000
5	108 07 16	中信金	買 進		********120,000	********600,000
6	108 08 02	中信金	買 進		*********6,000	********606,000
7	108 08 08	中信金	買 進		*********23,000	********629,000
8	108 11 06	中信金	餘額登摺			********629,000
9	109 01 07	富邦金	買 進		*********3,000	**********3,000
10	109 01 08	富邦金	買 進		*********2,000	**********5,000
11	109 01 17	富邦金	餘額登摺			**********5,000
12	109 01 17	中信金	餘額登摺			********629,000
13	109 01 30	富邦金	買 進		*********6,000	*********11,000
14	109 02 03	中信金	買 進		*********2,000	********631,000
15	109 02 12	中信金	賣 出	*********2,000		********629,000
16	109 02 17	中信金	賣 出	*********10,000		********619,000
17	109 02 18	富邦金	買 進		*********1,000	*********12,000
18	109 02 20	富邦金	買 進		*********5,000	*********17,000
19	109 02 20	中信金	賣 出	*********10,000		********609,000
20	109 02 24	中信金	買 進		*********10,000	********619,000
21	109 03 02	中信金	買 進		*********5,000	********624,000
22	109 03 12	中信金	買 進		*********2,000	********626,000
23	109 03 13	中信金	買 進		*********4,000	********630,000
24	109 03 24	中信金	買 進		*********2,000	********632,000
25	109 03 31	中信金	買 進		*********2,000	********634,000
26	109 04 06	中信金	買 進		*********2,000	********636,000
27	109 04 21	中信金	買 進		*********1,000	********637,000
28	109 04 23	中信金	買 進		*********2,000	********638,000
29	109 05 07	中信金	買 進		*********1,000	********640,000
30	109 05 08	富邦金	餘額登摺			*********17,000

1."Securities" unit is based on share for stocks and dollars for bonds.
2."Buying " will be credited when securities company completes settlement.
3."Securities deposit" will be credit when securities company completes delivery to TDCC

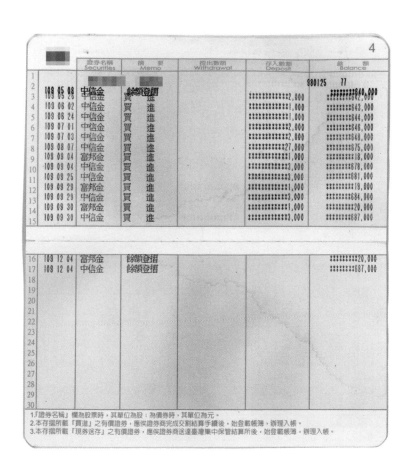

		證券名稱 Securities	摘　要 Memo	提出數額 Withdrawal	存入數額 Deposit	餘　額 Balance	4
1						980125　77	
2	108 05 28	中信金	餘額登摺		************2,000	*******840,000	
3						*******842,000	
4	108 06 02	中信金	買　進		************1,000	*******843,000	
5	108 06 24	中信金	買　進		************1,000	*******844,000	
6	108 07 01	中信金	買　進		************2,000	*******846,000	
7	108 07 03	中信金	買　進		************2,000	*******848,000	
8	108 08 07	中信金	買　進		***********27,000	*******875,000	
9	108 09 04	富邦金	買　進		************1,000	********18,000	
10	108 09 04	中信金	買　進		************3,000	*******878,000	
11	108 09 25	中信金	買　進		************3,000	*******881,000	
12	108 09 29	富邦金	買　進		************1,000	********19,000	
13	108 09 29	中信金	買　進		************3,000	*******884,000	
14	108 09 30	富邦金	買　進		************1,000	********20,000	
15	108 09 30	中信金	買　進		************3,000	*******887,000	
16	108 12 04	富邦金	餘額登摺			********20,000	
17	108 12 04	中信金	餘額登摺			*******887,000	
18							
19							
20							
21							
22							
23							
24							
25							
26							
27							
28							
29							
30							

1.「證券名稱」欄為股票時，其單位為股；為債券時，其單位為元。
2.本存摺所載「買進」之有價證券，應俟證券商完成交割結算手續後，始登載帳簿，辦理入帳。
3.本存摺所載「現券送存」之有價證券，應俟證券商送達臺灣集中保管結算所後，始登載帳簿，辦理入帳。

股市肥羊交易紀錄全公開

▌股市肥羊的證券存摺2

		證券名稱 Securities	摘要 Memo	提出數額 Withdrawal	存入數額 Deposit	餘額 Balance
1	承前頁				980124 55	
2	108 07 12	中信金	賣 出	✱✱✱✱✱✱✱✱✱125,000		✱✱✱✱✱✱✱520,000
3	108 07 16	中信金	買 進		✱✱✱✱✱✱✱✱✱125,000	✱✱✱✱✱✱✱645,000
4	108 08 02	中信金	買 進		✱✱✱✱✱✱✱✱✱✱20,000	✱✱✱✱✱✱✱665,000
5	108 08 08	中信金	買 進		✱✱✱✱✱✱✱✱✱✱25,000	✱✱✱✱✱✱✱690,000
6	108 08 19	中信金	賣 出	✱✱✱✱✱✱✱✱✱✱10,000		✱✱✱✱✱✱✱680,000
7	108 09 12	中信金	賣 出	✱✱✱✱✱✱✱✱✱✱10,000		✱✱✱✱✱✱✱670,000
8	108 09 25	中信金	買 進		✱✱✱✱✱✱✱✱✱✱10,000	✱✱✱✱✱✱✱680,000
9	108 10 16	中信金	賣 出	✱✱✱✱✱✱✱✱✱✱10,000		✱✱✱✱✱✱✱670,000
10	108 11 04	中信金	賣 出	✱✱✱✱✱✱✱✱✱✱10,000		✱✱✱✱✱✱✱660,000
11	108 11 06	中信金	餘額登摺			✱✱✱✱✱✱✱660,000
12						
13	108 11 12	中信金	賣 出	✱✱✱✱✱✱✱✱✱✱10,000		✱✱✱✱✱✱✱650,000
14	108 12 10	富邦金	買 進		✱✱✱✱✱✱✱✱✱✱20,000	✱✱✱✱✱✱✱✱✱20,000
15	108 12 13	中信金	賣 出	✱✱✱✱✱✱✱✱✱✱10,000		✱✱✱✱✱✱✱640,000
16	108 12 16	富邦金	買 進		✱✱✱✱✱✱✱✱✱✱1,000	✱✱✱✱✱✱✱✱✱21,000
16	108 12 26	富邦金	買 進		✱✱✱✱✱✱✱✱✱✱4,000	✱✱✱✱✱✱✱✱✱25,000
17	109 01 17	富邦金	餘額登摺			✱✱✱✱✱✱✱✱✱25,000
18	109 06 17	富邦金	餘額登摺			✱✱✱✱✱✱✱640,000
19	109 06 17	中信金	餘額登摺		✱✱✱✱✱✱✱✱✱✱15,000	✱✱✱✱✱✱✱640,000
20	109 09 23	中信金	買 進		✱✱✱✱✱✱✱✱✱✱1,000	✱✱✱✱✱✱✱641,000
21	109 09 24	中信金	買 進		✱✱✱✱✱✱✱✱✱✱1,000	✱✱✱✱✱✱✱642,000
22	109 10 26	中信金	買 進		✱✱✱✱✱✱✱✱✱✱2,000	✱✱✱✱✱✱✱644,000
23	109 11 27	富邦金	買 進		✱✱✱✱✱✱✱✱✱✱1,000	✱✱✱✱✱✱✱✱✱41,000
24	109 11 27	中信金	買 進		✱✱✱✱✱✱✱✱✱✱3,000	✱✱✱✱✱✱✱647,000
25	109 12 04	富邦金	餘額登摺			✱✱✱✱✱✱✱✱✱41,000
26	109 12 04	中信金	餘額登摺			✱✱✱✱✱✱✱647,000
27						
28						
29						
30						

1. "Securities" unit is based on share for stocks and dollars for bonds.
2. "Buying" will be credited when securities company completes settlement.
3. "Securities deposit" will be credit when securities company completes delivery to TDCC.

崩盤照買的股市肥羊心理學

Chapter 1

操作篇》從選股、買進到賣出
肥羊炒股策略完整公開

　　小真得到內線消息，知道董事長今天要去爬山，立刻拉著小蝶追上去。在登山的路上，小真看到一泡新鮮的尿液，立刻湊過去聞一聞，然後再舔了一下。

小真：「照這味道和鹹度來判斷，董事長的尿液有點甜。不行，我還需要收集更多的證據。」

小蝶：「小真，妳怎麼確定那就是董事長的尿液？」

小真：「我問過管理員了，今天只有董事長一個人來爬山而已。男人喜歡隨地大小便的毛病，大家都知道。」

小蝶：「沒想到妳竟然連尿液都要嘗味道，實在是太犧牲了。」

小真：「股市那麼多人在炒，不拚命點，要如何在股市生

存下來。只要能夠賺到錢，叫我做啥都可以。」

小蝶：「前面還有一坨新鮮的大便。」

小真：「肯定是董事長拉的，我嘗嘗味道。糟糕，大便太甜了，董事長有嚴重的糖尿病，隨時都有可能會死。」

小蝶：「我們趕快下山，把所有股票都賣了。」

小蝶和小真離開後，董事長牽著一隻老狗，從草叢裡出來，說：「那2個女人對著我家狗狗的大小便，在做啥啊？」

———————✦———————

小真自認為嘗大小便的行為，非常英勇。畢竟董事長是公司的靈魂人物，董事長一死，公司就垮了，從大小便收集董事長的健康資訊，非常重要。問題是她嘗錯了，她在那邊品嘗董事長愛犬的大小便，是能得到什麼資訊呢？

我們在外面可以看到許多的股市名師，對公司的產業研究，隨便寫都是幾萬字，還會分析國際情勢、財經狀況，連新冠肺炎（COVID-19）疫情和新藥製造，都很熟悉。每天讀一大堆財經書籍，用電腦繪製線圖，如此努力拚命，

精神實在是令人讚嘆，可惜他們全部分析錯誤了！研究公司財報，卻不懂康友 -KY（6452）為何停止買賣？分析國際情勢，卻猜不到伊朗會對美國射飛彈？研究財經狀況，卻無法理解為何一堆公司都倒閉，股市還不斷創新高？研究新冠肺炎疫情，卻不清楚東洋（4105）沒拿到疫苗代理權的消息？鑽研新藥製造，卻不了解公司連年虧損？

讀一大堆財經書籍，分不清短線投機和長期投資的差別？每天畫股票線圖，卻搞不懂股票是漲，還是跌？如此拚命努力，完全是在浪費時間，連一丁點用處都沒有啊！當你出發點錯誤時，怎麼努力都沒用。

炒股之人根本不需要高深的學問，他們只要懂一點基本的知識和操作技巧，就能炒股賺到大錢。人人都能學會炒股，就連小學生都可以學會炒股，就唯獨那群財經碩、博士無法學會炒股，因為他們懂太多了。無用的知識不如趁早捨棄，每天躺著睡覺都比拚命努力，有用 100 倍。

本書就是專門教導這些簡單又基礎的知識，完全沒有任何複雜的學問可言。為求省事，我們盡可能把所有操作技

巧放在本章，方便各位讀者翻閱，抄重點，如果沒錢買書的話，也可以去書局看免錢的。不管怎樣，還是希望各位能把書買回去。

　　炒股靠的不只是技巧，心態也很重要。技巧正確，炒股才能夠賺到錢；心態正確，炒股才不會賠錢。目前臉書（Facebook）上「股市肥羊」社團有許多粉絲都已經消失了，因為他們覺得本肥羊推薦的股票不會漲，這就是滿腦子只想發財的錯誤心態。

　　有些粉絲則是一直在等低點，等到現在還沒買股票，不知道到底在等啥？還有粉絲在等本肥羊推薦第 3 檔股票，他可能得等 5 年以上吧！本肥羊 1,000 萬元富邦金（2881）的目標，還差 700 萬元。完成之日，遙遙無期啊！心態正確，才能學會肥羊炒股術；心態錯誤，絕不可能學會肥羊炒股術。

選股策略》5步驟篩出可以炒的股票

　　肥羊炒股術實際上該怎麼做呢？主要可以分成 5 步驟：

步驟1》從元大台灣50（0050）成分股中挑股票

我們借用元大投信的智慧，直接從 0050 的成分股中挑選股票，不要因此就誤會本肥羊腦袋比元大投信差，這不是誤會，而是事實。本肥羊腦袋原本就比元大投信差，沒啥好否認的，如果想要比巨人更加偉大，最好的方法，就是踩在巨人的頭上。

0050 的 50 檔股票如下（註 1）：台積電（2330）、聯發科（2454）、鴻海（2317）、台達電（2308）、聯電（2303）、台塑（1301）、中華電（2412）、南亞（1303）、中信金（2891）、大立光（3008）、國泰金（2882）、富邦金、兆豐金（2886）、統一（1216）、玉山金（2884）、中鋼（2002）、台化（1326）、日月光投控（3711）、元大金（2885）、台泥（1101）、第一金（2892）、和泰車（2207）、國巨（2327）、廣達（2382）、中租-KY（5871）、合庫金（5880）、瑞昱（2379）、華碩（2357）、華南金（2880）、台灣大（3045）、統一超（2912）、可成（2474）、台新金（2887）、矽力-KY（6415）、和碩（4938）、上海商銀（5876）、研華（2395）、台塑化（6505）、

開發金（2883）、永豐金（2890）、彰銀（2801）、
遠東新（1402）、光寶科（2301）、亞泥（1102）、
遠傳（4904）、豐泰（9910）、正新（2105）、台灣
高鐵（2633）、南亞科（2408）、緯穎（6669）。

步驟2》淘汰電子股、高科技股和KY股

找出 0050 成分股後，接著就可以把電子股、高科技股
和 KY 股（註 2）刪除。電子股和高科技股剔除的原因在於
獲利不穩定，2020 年年底台積電之所以最受歡迎，單純
是因為公司 2020 年前 3 季獲利成長 63.6%。你覺得台積
電以後每年都能成長 63.6% 嗎？根本不可能啦！又何必以
高價追逐 1 檔無法持續成長的股票呢？

而 KY 股的問題是三不五時就會倒閉，例如凱羿-KY
（2939），自 2020 年 11 月 30 日起，公司股票打入全
額交割。

註 1：取自 2020 年 12 月成分股，0050 成分股變動雖不大，但仍會
　　　定期微幅調整。
註 2：KY 股是指在開曼群島（The Cayman Islands）註冊，並以境外
　　　公司名義回台灣掛牌上市的股票。

雖然我知道不是所有的 KY 股都是垃圾，但我就是把所有的 KY 股全部當成垃圾，我沒有特定針對哪檔 KY 股，所以不用太過激動。一竿子打翻一船人，是本肥羊的習慣。

我們將 0050 成分股中的電子股、高科技股和 KY 股踢掉以後，得到：台塑、中華電、南亞、中信金、國泰金、富邦金、統一、兆豐金、玉山金、中鋼、台化、元大金、和泰車、第一金、台泥、合庫金、華南金、台灣大、統一超、台新金、上海商銀、台塑化、開發金、永豐金、彰銀、遠東新、亞泥、遠傳、豐泰、正新、台灣高鐵。

步驟3》剔除上市時間短、現金殖利率過低、本益比過高、稅後盈餘下降和5年內出現虧損的公司

剔除電子股、高科技股和 KY 股後還沒完，還需要進一步淘汰「上市不到 5 年」、「現金殖利率低於 4%」、「本益比高於 15 倍」、「稅後盈餘下降超過 20%」、「5 年內出現虧損或幾乎虧損」的公司，原因如下：

上市不到 5 年的公司，無法依據過去的歷史，來計算公司未來的發展，這樣會讓本肥羊的預估出現重大錯誤。本

肥羊從不參加新上市股票的抽籤，就算新股上市一定會漲，也不買，堅持只碰懂的東西，不懂就不碰。

現金殖利率（計算公式：現金股利 ÷ 股價 ×100%）太低的公司，一旦股價崩潰後，難以靠現金股利回本。假設有人在 2020 年 11 月 17 日，用 500 元買進台積電，之後台積電一路下跌，最後倒閉；若台積電 1 年的現金股利為 10 元，這個人必須領 50 年的台積電現金股利才能回本，天知道台積電能不能撐到 2070 年啊？

有人問：「為何會從『現金股利低於每股盈餘（EPS）50%』的標準改為『現金殖利率低於 4%』呢？有什麼特別原因嗎？」因為中信金和富邦金達不到「現金股利高於每股盈餘 50%」的標準。標準達不到，就只好修改標準囉！照台灣現金殖利率愈來愈低的趨勢來看，也許以後也會廢棄「現金殖利率低於 4%」的標準，改為「現金殖利率低於 3%」。

時代在變化，標準也在變化，你總不能制定一個標準，然後淘汰掉所有的公司吧！總之，2021 年的標準就是「現

金殖利率低於 4%」。

公司的本益比（計算公式：公司股價 ÷ 每股盈餘）太高，表示這家公司股價不合理。這也是玉山金之所以在 2020 年表現不佳最主要的原因，本益比墊太高了，富邦金在 2020 年的股價表現都還比較好。

稅後盈餘衰退太多，表示公司經營狀況出問題。例如華南金旗下的華南永昌證券，因為「高點做多、低點放空」，導致 2020 年第 1 季虧損 47 億元，如此明顯有問題的控盤技術，已失去競爭力。虧損的公司其實就不能買，例如台塑化 2020 年前 3 季虧損 29 億元，就是直接淘汰了。

將上述公司剔除後，得到：中信金、國泰金、富邦金、兆豐金、第一金、台泥、台新金。

步驟4》增加遭受到災難打擊的股票

剔除掉壞股票之後，還必須把被誤殺的股票撿回來，也就是要撈回「遭受到災難打擊的股票」。但能夠被撈回的股票必須符合下述 3 個定義：

①**公司遭受的災難必須是全面性的**：例如市場崩盤造成銀行呆帳大幅度增加，這點在 2020 年的金融股身上，幾乎都能看到。

②**公司遭受的災難必須是可回復性的**：也就是說，公司不會因為這一次的災難而垮掉，其實只要公司規模夠大，就不會垮掉。

③**公司必須是有競爭力的**：別人都沒啥損失，就你公司賠最多錢。像華南金這樣，只有自己賠大錢，其他銀行只賠小錢，就不行了。

原則上，災難選股應該再加上受到 2020 年受到打擊的台塑、南亞、台化和台塑化。但考慮到這幾家被災難打擊得有點誇張，像是台塑 2020 年前 3 季稅後盈餘衰退 72.7%，台塑化前 3 季甚至出現虧損⋯⋯。石化業不知何年何月才能恢復元氣？也許會像鋼鐵業一樣，無法恢復元氣（中鋼從 2011 年起，獲利就疲軟不振，長達 9 年的時間，這就是我賣光中鋼的原因）。因此，本次的災難選股，沒有任何 1 檔股票入選。

崩盤照買的股市肥羊心理學

記住一件事情，我們是挑選小災難，而不是大災難。永遠不要挑家經營有問題的公司，來進行長期投資。

步驟5》針對本益比與稅後盈餘比較剩下的股票

將股票挑選出來後，本肥羊會再針對這些股票的本益比和稅後盈餘做比較：

①本益比

我將本益比在 15 倍以下的股票分成 4 種評價：SSS、SS、S 和 A。本益比 15.01 倍以上的股票因為太貴了，所以無評價。基本上，本益比愈低，評價愈高（詳見表 1）。

但隨著股價持續上漲，等將來撈不到評價 A（本益比 12.01 倍～ 15 倍）的股票後，整個評價體系也得完全修改，上調所有評價的本益比，或許本益比 18.01 倍～ 20 倍都打成評價 A 了，但這畢竟是未來的事情，2021 年的評價 A，就是本益比 12.01 倍～ 15 倍。永遠記住一件事情，「標準」是拿來給你進行股票的分類，不是給你拿來淘汰所有的股票，沒有任何一家公司能夠達到的「標準」，就證明這個「標準」，應該修改了。

表1 本益比愈低，股票評價愈高

肥羊派股票本益比的評價分類

本益比（倍）	評價	建議
8.00以下	SSS	投入總資金的100%
8.01～10.00	SS	投入總資金的50%
10.01～12.00	S	投入總資金的30%
12.01～15.00	A	投入總資金的10%
15.01以上	無評價	先觀望，暫時不投入資金

註：「建議」一欄中的資金計算，是指「1檔」股票的投入金額。如果小蝶買了1檔評價SS的股票、1檔評價S的股票、1檔評價A的股票，建議投入資金就是90%（＝50%＋30%＋10%）。本流派不鼓勵借錢投資，如果你一定要借錢投資股票，建議至少要等大盤下跌超過2,000點，再借錢投資，千萬不要平時沒事，就跑去借錢投資股票。無論如何，本肥羊反對借錢投資股票

以前一位很有名的股市名師，因為閃過 2008 年的金融風暴，而聲名大噪，他訂了很多的「標準」，作為買股票的依據。然後因為所有公司都達不到他的「標準」，所以他手上只有現金和美國公債，就這樣看著股市發呆 12 年，實在有夠愚蠢。「標準」制定嚴謹是很好，但太過嚴謹的「標準」，就是垃圾。

②稅後盈餘

除了本益比之外，還要參考稅後盈餘。公司的稅後盈餘比去年增加，視為「＋」；公司的稅後盈餘比去年減少，視為「－」。將選股步驟 5 最後留下的股票進行評價以後，目前（2020 年 11 月底）看來，富邦金的評價最高，達「SSS ＋」（詳見表 2）。

　　基本上到這裡，本肥羊已經把選股策略說明得很詳細了，如果你再看不懂我也沒有辦法。表 2 中「可購買價格（元）」的價位是本肥羊認為買下去，20 年後不會賠錢的價格。如果你在 2021 年，用 45 元買了富邦金後，2022 年賠錢，純屬正常現象，不用擔心，請耐心等候至 2041 年，就會賺錢了。另外，如果中信金股價上漲至 21 元，因為低於可購買價格 24 元，所以可以購買。中信金不只 21 元可以購買，22 元、23 元也可以購買，只要股價在 24 元以下，統統都可以購買。請不要再問幼兒園的數學問題了，謝謝合作。

買進策略》依肥羊派波浪理論、虧損理論操作

　　上面講的都是理論，我們再來談談實際操作。我們以第

表2　目前0050成分股中，富邦金表現最好

肥羊派股票本益比＋稅後盈餘的評價分類

股票（股號）	評價	可購買價格（元）	建議投入資金（％）
富邦金（2881）	SSS＋	55以內	100
國泰金（2882）	SS＋	50以內	50
台泥（1101）	SS＋	50以內	50
中信金（2891）	SS－	24以內	50
台新金（2887）	S－	16以內	30
兆豐金（2886）	A－	33以內	10
第一金（2892）	A－	24以內	10

註：本益比評價分類詳見表1說明

2本書《躺著賺1年400萬的肥羊養股術》中的小蝶為例，繼續操作。不以我自己做例子，是因為太多人批評我中信金成本太低，才17元而已，當然怎麼操作都會賺錢；其實，我2019年才開始買富邦金，成本43.1元，持有61張，放到2020年年底也是賺錢啊！怎麼都沒人批評我的富邦金操作呢？

不管怎樣，既然太多人認為我的操盤情況不適用於散戶，我就自己創造出一個虛擬人物——小蝶。她不只炒股會賺錢而已，她如果成本低於市價太多，還會自己將一部分獲利打入盈餘，刻意拉高成本，盡可能貼近散戶的實際成本，這樣總行了吧。

假設小蝶在 2019 年年底，擁有中信金 90 張，成本 20.94 元，總成本 188 萬 5,000 元（註 3），並依照「標準型肥羊派波浪理論」和「虧損理論」進行操作。

幫大家複習一下標準型肥羊派波浪理論和虧損理論：

標準型肥羊派波浪理論》股價漲跌5%，買賣5%股票數量

「股價每上漲 5%，賣出 5% 股票數量；股票每下跌 5%，買進 5% 股票數量。」以小蝶的例子來看，成本 20.94 元，5% 是 1.047 元。由於 1.047 元不好計算，故改以 1 元作為標準。此外，為求方便，我們以 22.95 元、21.95 元、20.95 元、19.95 元、18.95 元、17.95 元、16.95 元作為交易點。跌破交易點就買、漲破交易點就賣，每次交易股票張數為 5 張（90 張的 5% 是 4.5 張，由於不好計算，

故改以一次進出 5 張為標準）。

虧損理論》虧損＞10%，每月額外買5%股票數量

「凡是成本價虧損超過 10%，每個月額外購買 5% 股票數量。」以小蝶的例子來看，成本 20.94 元，虧損超過 10%，大約是 18.85 元。為求方便，我們以 18.95 元來看，只要股價低於 18.95 元，每次買進股票張數為 5 張。

我們盡量將虧損理論和波浪理論的交易點抓到一致，這樣才有簡化數字的效果。如果你數學很好，想要精準地去計算 5% 和 10% 各是多少，也可以，並不是我說交易點 18.95 元，你就一定要抓 18.95 元，這只是個參考點而已。

小蝶的實際交易點如表 3 所示。所有的交易點將一律抓

註 3：詳細請翻閱第 2 本書《躺著賺 1 年 400 萬的肥羊養股術》第 47 頁，小蝶總成本是 188 萬 5,000 元，每股成本「約」20.94 元。因為數學計算的關係，所以總成本是正確的數字，每股成本只是四捨五入後「大約的數字」。在此採計總成本 188 萬 5,000 元，但即使總成本數字正確，實際上也忽略了證交稅、手續費、所得稅和補充健保費。因為我們是炒股，不是參加奧林匹亞數學競賽，所以省略很多細鎖的數字計算。

收盤價，所以別問我都收盤了，要怎麼交易，這只是個參考數字而已，為求簡化數字，以下計算一律不包含手續費、證交稅、補充保費和所得稅。

在使用標準型肥羊派波浪理論時要注意，賣掉的價格必須高於成本，否則不賣。就小蝶的例子來看，雖然中信金的股價在 2020 年 3 月 19 日以後，就已經上漲很多了，但始終不賣，一直拖到 2020 年 6 月 8 日才賣掉股票。虧損理論是按照「月份」下去買的，所以交易點是 2020 年 3 月 17 日和 2020 年 4 月 1 日，各買進 5 張。2020 年 3 月 17 日當天，剛好又依照波浪理論，買進 5 張，所以 2020 年 3 月 17 日，實際上是買進 10 張。

以上的數字都是僅供參考而已，各位在使用上可以做些微修改，如果已經買中信金，買到沒錢，就請休息吧！等薪水和現金股利下來，再繼續買。

從表 3 的資訊來看，小蝶在 2020 年的交易如下：

1. 合計買進 50 張中信金，共花費 93 萬 5,750 元（＝

表3 若有90張股票，股價漲5%即賣掉5張

標準型肥羊派波浪理論與虧損理論

假設小蝶在2019年年底，擁有中信金90張，成本20.94元，總成本188萬5,000元（為了簡化計算，四捨五入至千元），並依照標準型肥羊派波浪理論和虧損理論，進行操作：

時間	股價（元）	依循理論	買／賣張數	花費／收回金額（元）
2020.01.02	22.35	波浪理論	賣出5張	收回11萬1,750
2020.02.17	22.95	波浪理論	賣出5張	收回11萬4,750
2020.03.09	21.80	波浪理論	買進5張	花費10萬9,000
2020.03.12	20.50	波浪理論	買進5張	花費10萬2,500
2020.03.13	19.65	波浪理論	買進5張	花費9萬8,250
2020.03.17	18.35	波浪理論	買進5張	花費9萬1,750
		虧損理論	買進5張	花費9萬1,750
2020.03.18	17.95	波浪理論	買進5張	花費8萬9,750
2020.03.19	16.30	波浪理論	買進5張	花費8萬1,500
2020.04.01	17.75	虧損理論	買進5張	花費8萬8,750
2020.06.08	21.00	波浪理論	賣出5張	收回10萬5,000
2020.07.13	除息日，現有股票115張，中信金配發現金股利1元，可獲得現金股利11萬5,000元，成本下調為19.94元（＝20.94元－1元），所有買賣交易點，下調1元			
2020.09.01	18.90	波浪理論	買進5張	花費9萬4,500
2020.09.24	17.60	波浪理論	買進5張	花費8萬8,000
2020.11.18	20.00	波浪理論	賣出5張	收回10萬

註：1. 花費／收回金額不含交易成本；2. 賣出價格必須高於成本

10 萬 9,000 元＋ 10 萬 2,500 元＋ 9 萬 8,250 元＋ 9 萬 1,750 元＋ 9 萬 1,750 元＋ 8 萬 9,750 元＋ 8 萬 1,500 元＋ 8 萬 8,750 元＋ 9 萬 4,500 元＋ 8 萬 8,000 元）。

2. 合計賣出 20 張中信金，收回 43 萬 1,500 元（＝ 11 萬 1,750 元＋ 11 萬 4,750 元＋ 10 萬 5,000 元＋ 10 萬元）。

3. 現金股利 11 萬 5,000 元，考量到小蝶 2020 年股票沒啥賺錢，現金股利不列入獲利。如果小蝶 2020 年的成本價和市價差距 10% 以上時，就可以將現金股利列入已實現獲利。

也就是説，小蝶原有股票張數為 90 張，原有成本 20.94 元，原有總成本 188 萬 5,000 元。利用標準型肥羊派波浪理論和虧損理論操作後，如下方的「算式 1」：

◎算式 1

1. 總張數：120 張（＝ 90 張＋ 50 張－ 20 張）。

2. 總投入資金：227 萬 4,250 元（＝原有總成本 188 萬 5,000 元 ＋ 2020 年 買 進 資 金 93 萬 5,750 元 － 2020 年賣出資金 43 萬 1,500 元－現金股利 11 萬 5,000 元）。

3. 每股總平均成本：18.95 元（＝總投入資金 227 萬 4,250 元 ÷ 總張數 120 張 ÷ 每張 1,000 股）。

對比 2020 年 11 月 26 日的中信金收盤價 19.7 元，每股價差 0.75 元（＝ 19.7 元－ 18.95 元）。以總持有張數 120 張來看，小蝶總共賺了 9 萬元（＝價差 0.75 元 × 總張數 120 張 × 每張 1,000 股），也就是說，小蝶在 2020 年已實現獲利為 0 元，未實現獲利為 9 萬元（因為剩下的股票還未賣出，僅為帳面獲利）。

如果小蝶只是將先前買的中信金放著，沒有利用標準型肥羊派波浪理論和虧損理論進行操作，那她的成本會是 19.94 元（＝成本 20.94 元－現金股利 1 元）。對比 2020 年 11 月 26 日的中信金收盤價 19.7 元，每股價差 0.24 元（＝ 19.94 元－ 19.7 元）。小蝶虧損 2 萬 1,600

元（＝價差 0.24 元 × 總張數 90 張 × 每張 1,000 股）。

由此我們可以知道，採用標準型肥羊派波浪理論和虧損理論，可以讓小蝶成本額外降低 0.99 元（＝ 19.94 元－18.95 元）、額外多賺了 11 萬 1,600 元（＝ 9 萬元＋2 萬 1,600 元）。

也就是說，小蝶不只靠現金股利降低了 1 元的成本，還靠著標準型肥羊派波浪理論和虧損理論操作降低了 0.99 元的成本。因此在賠錢時，使用標準型肥羊派波浪理論和虧損理論，會比將股票傻傻放著不動，更具有優勢，這也是本肥羊能炒股 21 年的祕密（自 1999 年開始炒股）。

標準型肥羊派波浪理論和虧損理論，實在是太具有競爭力了，股票成本低，就能直接碾壓路邊的散戶，這是肥羊流派的獨門祕密，外面那群只會譏笑別人的散戶，怎樣都無法理解。我們也不需要向他們解釋，想想看別的流派平時是如何批評我們，何必去救他們呢？

前面是小蝶沒有將現金股利列入獲利的情況，如果小蝶

堅持要把現金股利 11 萬 5,000 元列入獲利,會怎麼樣呢? 結果就會變成下方的「算式 2」:

◎算式 2

1. 總投入資金為 238 萬 9,250 元 (＝原有總成本 188 萬 5,000 元＋ 2020 年買進資金 93 萬 5,750 元－ 2020 年賣出資金 43 萬 1,500 元)。

2. 每股總平均成本為 19.91 元 (＝總投入資金 238 萬 9,250 元 ÷ 總張數 120 張 ÷ 每張 1,000 股)。

因為現金股利 11 萬 5,000 元,已經列入獲利,所以在 計算總投入資金時就必須排除現金股利 11 萬 5,000 元, 否則會被重複計算 2 次。算式 2 和前述沒將現金股利 11 萬 5,000 元列入獲利的算式 1 不同,現金股利有列入獲利 和沒列入獲利,兩者的算式差了現金股利 11 萬 5,000 元, 請務必注意算式 1 和算式 2 的差別。

對比 2020 年 11 月 26 日的中信金收盤價 19.7 元, 每股價差 -0.21 元 (＝ 19.7 元－ 19.91 元)。小蝶虧損

崩盤照買的股市肥羊心理學

2 萬 5,200 元（＝價差 -0.21 元 × 總張數 120 張 × 每張 1,000 股）。也就是說，小蝶在 2020 年已實現獲利為 11 萬 5,000 元，未實現虧損為 2 萬 5,200 元。

小蝶在 2020 年獲利又同時虧損，怎麼聽都覺得很奇怪。所以我才主張成本價和市價差距 10% 以上時，才將現金股利列入已實現獲利；成本價和市價差距 10% 以下時，現金股利就不要列入已實現獲利了。之後將每年的已實現獲利加起來，就是小蝶多年來炒股的總利潤。

結合前述的資訊可知，小蝶投資中信金的總利潤如下：2019 年已實現獲利 10 萬元（詳見第 2 本書《躺著賺 1 年 400 萬的肥羊養股術》第 46 頁）；2020 年已實現獲利 0 元。總計，已實現獲利 10 萬元。

以上是手動計算的帳務原則，用這種做法可以精確算出炒股的實際利潤，因為市面上的電腦軟體，並不支援標準型肥羊派波浪理論和虧損理論的複雜成本計算。不過，如果你不擅長數學的話，使用市面上的電腦軟體算帳就可以了，不用刻意拿數學來逼瘋自己。

大家炒股時，一定要心情愉快，千萬別虐待自己喔！炒股會賺錢就是會賺錢，帳務計算不過是微末之道，不值一提。永遠記住一件事情，再屬害的會計師，都無法把炒股賠錢算成賺錢，除非他做假帳，請各位永遠不要做假帳欺騙自己，這樣實在是太可憐，只能住精神病院了。

賣出策略》公司持續2年全年虧損才需要賣股票

只有在公司出現全年虧損，而且持續 2 年虧損的情況下，才需要賣股票。我們以剛剛提到的華南金為例：在華南永昌證券，因為「高點做多、低點放空」，操盤技術太爛，導致 2020 年第 1 季虧損 47 億元。

很多人都覺得華南金應該要賣了，但其實完全不用賣，因為華南金在 2020 年 11 月時表示，2020 年前 10 月的自結稅後純益還有 62 億 1,500 萬元，自結每股盈餘 0.48 元。被批評到一無是處的華南金，其實是賺錢的公司，基本上是不需要賣的。

再以 2020 年前 3 季虧損 29 億元的台塑化來討論，前

3 季虧損並不是年度虧損，要全年虧損才算虧損。我們肥羊流派所有的評價都是以「年」來作為單位計算，舉先前評價 SSS ＋的富邦金為例：假設 2021 年富邦金的客戶倒閉了，造成富邦金虧損 100 億元，這是很嚴重的打擊喔！

這樣會影響到富邦金 SSS ＋的評價嗎？正確答案是「不會」。2021 年的富邦金評價永遠都會是 SSS ＋，無論是爆發台海戰爭，還是富邦金倒閉，2021 年富邦金的評價，永遠都是 SSS ＋；要到 2022 年才會修改富邦金的評價，因為肥羊流派的單位計算為「年」，一旦評價後，無論任何外力發生，都「不可能」更改評價。

當然很多人會質疑，富邦金都已經倒閉了，評價為啥還是 SSS ＋？這樣的評價方式合理嗎？「不合理」，完全不合理。如果你只是要批評本肥羊的評價方式不合理，那麼正確的答案就是「不合理」，這樣你滿意嗎？

隨意修改評價的風險太大了，大到超過修改評價所能獲得的利潤，一動不如一靜。因此本肥羊非常堅持「不合理」的評價方式，這就是本肥羊認為「最合理」的做法，至於

你要怎麼批評，隨便你，本肥羊一點也不在乎你的看法。
炒股者最常犯的毛病是採取的行動太多了，多到既繁瑣又
沒效率，還不如乾脆別採取任何行動，回家躺著睡覺。

若想賣掉股票，至少先等3個月

當然你可能有各種原因想賣股票，例如你想賣光華南金，
全部轉成中信金，或者你嫌華南金明年現金股利太低，想
要轉成現金股利比較高的兆豐金，這些都是你私人的決定，
本肥羊不予以干涉。但單就華南金這家公司來說，是不需
要賣的，只要是賺錢的大公司，就有長期投資的價值，你
如果看這家公司不爽，你真的想賣股票，至少要等新聞爆
發 3 個月後再做判斷。

舉例來說，假設你是看了華南永昌證券「高點做多、低
點放空」，爛到爆的操盤技術，決定賣股票。這個新聞是
從 2020 年 3 月 31 日賠 34 億元，陸續爆發到 2020 年
4 月 12 日賠 47 億元，我們就以 2020 年 4 月 12 日為
新聞爆發日來計算，你至少要到 2020 年 7 月 12 日，才
可以賣掉華南金。也就是說，從你想賣股票開始，到實際
賣股票為止，必須思考 3 個月以上，這是為了避免你在情

緒激動的情況下，做出錯誤的決定。

永遠記住一件事情，你是因為「自己判斷」這家公司爛，才賣股票，絕對不是因為「別人說」這家公司爛，才賣股票。炒股者必須堅持自己的看法，即使自己的看法是錯的。永遠不要急著去採取「正確」的行動，你的「正確」，將會是你最大的「錯誤」。

緩一點、慢一點，不管是多麼緊急的事情，先看場電影再說。不管公司虧損的新聞，鬧得有多大，公司就是已經虧損了。你行動快一點，公司還是虧損，不如慢慢來就好。盯著盤看，又立刻買賣股票，小心你的胃潰瘍又發作了，人生就應該優閒又緩慢地活著。

爛公司其實是好公司，大規模衰退的公司，也會是大規模成長的公司。萬物相生相剋，光明與黑暗，缺一不可。因此本肥羊不鼓勵大家隨便亂賣股票，一定要「證明」這家公司真的很爛，連續虧損 2 年，才可以賣。

當然，如果你真的想賣，本肥羊也不會阻止。所謂的「災

難選股」，其實就是從爛公司中，挑出好公司，當然太爛的公司，我們也是不要的。這世上有很多的公司，被別人當成「大便」般拋棄，肥羊流派的做法則是把別人丟棄的「大便」，撿回家當成「寶物」來供奉。因此肥羊流派很容易遭到別人批評，只有把「大便」當成「寶物」來看待，才是真正的「人棄我取」。還會在意別人的譏笑，就證明你不是真正的肥羊子弟兵。

其他類型的肥羊派波浪理論》改良型、永久型

前述的操作都是以標準型肥羊派波浪理論（股價每上漲5%，賣出 5% 股票數量；股票每下跌 5%，買進 5% 股票數量）來進行討論，但肥羊派波浪理論還有其他種變型，像是「改良型肥羊派波浪理論」和「永久型肥羊派波浪理論」，分述如下：

改良型肥羊派波浪理論》短線價差

「股價每上漲 2.5%，賣出 2.5% 股票數量；股票每下跌2.5%，買進 2.5% 股票數量。」改良型肥羊派波浪理論是專門用來做短線價差的。

崩盤照買的股市肥羊心理學

同樣以小蝶為例子。假設小蝶在 2019 年年底，擁有中信金 90 張，成本 20.94 元，總成本 188 萬 5,000 元（為了簡化計算，四捨五入至千元），並依照改良型肥羊派波浪理論和虧損理論，進行操作：

　　以小蝶的例子來看，成本 20.94 元，計算 2.5%，是 0.5235 元，我們以 0.5 元計算。為求簡化，我們以 22.95 元、22.45 元、21.95 元、21.45 元、20.95 元、20.45 元、19.95 元、19.45 元、18.95 元、18.45 元、17.95 元、17.45 元、16.95 元、16.45 元作為交易點。

　　跌破交易點就買、漲破交易點就賣，每次交易股票張數為 2.5 張（90 張的 2.5% 是 2.25 張，由於不好計算，故改以一次進出 2.5 張為標準）。按照虧損理論：「凡是成本價虧損超過 10%，每個月額外購買 5% 股票數量。」以小蝶的例子來看，成本 20.94 元，虧損超過 10%，大約是 18.85 元。為求方便，我們以 18.95 元來看，只要股價低於 18.95 元，每次買進股票張數為 5 張。

　　表 4 是小蝶採用改良型肥羊派波浪理論的實際交易點，

| 表4 | 若有90張股票，股價漲2.5%即賣掉2.5張 |

改良型肥羊派波浪理論與虧損理論

假設小蝶在2019年年底，擁有中信金90張，成本20.94元，總成本188萬5,000元（為了簡化計算，四捨五入至千元），並依照改良型肥羊派波浪理論和虧損理論，進行操作：

時間	股價（元）	依循理論	買／賣張數	花費／收回金額（元）
2020.01.02	22.35	波浪理論	賣出2.5張	收回5萬5,875
2020.01.03	22.45	波浪理論	賣出2.5張	收回5萬6,125
2020.02.17	22.95	波浪理論	賣出2.5張	收回5萬7,375
2020.02.20	23.45	波浪理論	賣出2.5張	收回5萬8,625
2020.02.24	22.85	波浪理論	買進2.5張	花費5萬7,125
2020.03.02	22.25	波浪理論	買進2.5張	花費5萬5,625
2020.03.09	21.80	波浪理論	買進2.5張	花費5萬4,500
2020.03.11	21.35	波浪理論	買進2.5張	花費5萬3,375
2020.03.12	20.50	波浪理論	買進2.5張	花費5萬1,250
2020.03.13	19.65	波浪理論	買進5.0張	花費9萬8,250
2020.03.16	19.05	波浪理論	買進2.5張	花費4萬7,625
2020.03.17	18.35	波浪理論	買進5.0張	花費9萬1,750
		虧損理論	買進5.0張	花費9萬1,750
2020.03.18	17.95	波浪理論	買進2.5張	花費4萬4,875
2020.03.19	16.30	波浪理論	買進7.5張	花費12萬2,250
2020.04.01	17.75	虧損理論	買進5.0張	花費8萬8,750
2020.06.08	21.00	波浪理論	賣出2.5張	收回5萬2,500
2020.07.13	除息日，現有股票122.5張，中信金配發現金股利1元，可獲得現金股利12萬2,500元，成本下調為19.94元（＝20.94元－1元），所有買賣交易點，下調1元			
2020.07.27	19.35	波浪理論	買進2.5張	花費4萬8,375
2020.09.01	18.90	波浪理論	買進2.5張	花費4萬7,250
2020.09.22	18.20	波浪理論	買進2.5張	花費4萬5,500
2020.09.24	17.60	波浪理論	買進2.5張	花費4萬4,000
2020.11.18	20.00	波浪理論	賣出2.5張	收回5萬

註：1. 花費／收回金額不含交易成本；2. 賣出價格必須高於成本

其中 2020 年 1 月 2 日，這裡只考慮突破 21.95 元的交易點，21.45 元的交易點不考慮。這其實也是很多人一開始採用改良型肥羊派波浪理論的問題點，他的成本已經偏離市價達 2 個交易點時，應該要賣幾張？以小蝶來講就是賣 2.5 張。「第 1 次」採用波浪理論，就是只賣「1 個」交易點，而不是賣 2 個交易點，除非那天股價剛好大漲。

2020 年 3 月 13 日，因為跌破 2 個交易點（20.45 元和 19.95 元），所以買進 5 張股票；2020 年 3 月 17 日，也是跌破 2 個交易點（18.95 元和 18.45 元），所以買進 5 張股票；2020 年 3 月 19 日，因為一口氣跌破 3 個交易點（17.45 元、16.95 元和 16.45 元），所以買進 7.5 張股票。

由於盤中允許零股交易，因此我們在買賣中會出現零股，但嫌買賣零股麻煩的人，可以自行調整張數，規定的張數只是參考值而已，不是說你一定要照這個比率來操作。改良型肥羊派波浪理論在做短線價差上，會比標準型肥羊派波浪理論方便很多，滿足各位想搞短線投機的欲望，又不失長期投資的本質。

永久型肥羊派波浪理論》長期投資

改良型肥羊派波浪理論畢竟只是做短線價差，隨著股價不斷上漲，以及現金股利的發放，大約 20 年內，你的股票就會被洗光光了。如果想要長期投資，就得使用永久型肥羊派波浪理論：「股價每上漲 2.5%，賣出 1% 股票數量；股票每下跌 2.5%，買進 1% 股票數量。」

同樣以小蝶為例子。假設小蝶在 2019 年年底，擁有中信金 90 張，成本 20.94 元，總成本 188 萬 5,000 元（為了簡化計算，四捨五入至千元），並依照永久型肥羊派波浪理論和虧損理論，進行操作：

以小蝶的例子來看，成本 20.94 元，計算 2.5%，是 0.5235 元，我們以 0.5 元計算。為求簡化，我們以 22.95 元、22.45 元、21.95 元、21.45 元、20.95 元、20.45 元、19.95 元、19.45 元、18.95 元、18.45 元、17.95 元、17.45 元、16.95 元、16.45 元作為交易點。

跌破交易點就買、漲破交易點就賣，每次交易股票張數為 1 張（90 張的 1% 是 0.9 張，由於不好計算，故改以

崩盤照買的股市肥羊心理學

一次進出 1 張為標準）。按照虧損理論：「凡是成本價虧損超過 10%，每個月額外購買 5% 股票數量。」以小蝶的例子來看，成本 20.94 元，虧損超過 10%，大約是 18.85 元。為求方便，我們以 18.95 元來看，只要股價低於 18.95 元，每次買進股票張數為 5 張。表 5 是小蝶採用永久型肥羊派波浪理論的實際交易點。

永久型肥羊派波浪理論需要的張數是 100 張、改良型肥羊派波浪理論需要的張數是 40 張、標準型肥羊派波浪理論需要的張數是 20 張。

最近由於零股交易的興起，如果你以 0.5 張（即 500 股）為交易單位，可以將需求張數下壓：永久型肥羊派波浪理論需要的最少張數是 50 張、改良型肥羊派波浪理論需要的最少張數是 20 張、標準型肥羊派波浪理論需要的最少張數是 10 張。

通常我們不會鼓勵人們以 0.5 張來進行交易，但考慮到很多人薪水不高，20 萬元可能就是他奮鬥 4 年的結果，在這種情況下，可以試著用 0.5 張來進行交易；家裡比較有

表5 **若有90張股票，股價漲2.5%即賣掉1張**

永久型肥羊派波浪理論與虧損理論

假設小蝶在2019年年底，擁有中信金90張，成本20.94元，總成本188萬5,000元（為了簡化計算，四捨五入至千元），並依照永久型肥羊派波浪理論和虧損理論，進行操作：

時間	股價（元）	依循理論	買／賣張數	花費／收回金額（元）
2020.01.02	22.35	波浪理論	賣出1張	收回2萬2,350
2020.01.03	22.45	波浪理論	賣出1張	收回2萬2,450
2020.02.17	22.95	波浪理論	賣出1張	收回2萬2,950
2020.02.20	23.45	波浪理論	賣出1張	收回2萬3,450
2020.02.24	22.85	波浪理論	買進1張	花費2萬2,850
2020.03.02	22.25	波浪理論	買進1張	花費2萬2,250
2020.03.09	21.80	波浪理論	買進1張	花費2萬1,800
2020.03.11	21.35	波浪理論	買進1張	花費2萬1,350
2020.03.12	20.50	波浪理論	買進1張	花費2萬500
2020.03.13	19.65	波浪理論	買進2張	花費3萬9,300
2020.03.16	19.05	波浪理論	買進1張	花費1萬9,050
2020.03.17	18.35	波浪理論	買進2張	花費3萬6,700
		虧損理論	買進5張	花費9萬1,750
2020.03.18	17.95	波浪理論	買進1張	花費1萬7,950
2020.03.19	16.30	波浪理論	買進3張	花費4萬8,900
2020.04.01	17.75	虧損理論	買進5張	花費8萬8,750
2020.06.08	21.00	波浪理論	賣出1張	收回2萬1,000
2020.07.13	除息日，現有股票109張，中信金配發現金股利1元，可獲得現金股利10萬9,000元，成本下調為19.94元（＝20.94元－1元），所有買賣交易點，下調1元			
2020.07.27	19.35	波浪理論	買進1張	花費1萬9,350
2020.09.01	18.90	波浪理論	買進1張	花費1萬8,900
2020.09.22	18.20	波浪理論	買進1張	花費1萬8,200
2020.09.24	17.60	波浪理論	買進1張	花費1萬7,600
2020.11.18	20.00	波浪理論	賣出1張	收回2萬

註：1. 花費／收回金額不含交易成本；2. 賣出價格必須高於成本

崩盤照買的股市肥羊心理學

錢的人，盡量還是以 1 張為單位來進行交易。

存股》1個月買1次即可

存股是近年來比較受歡迎的炒股方式，單純只買不賣，每個月挑個好日子買進（通常是發薪日），剩下的事統統都不管。本肥羊認為，如果你想採用存股的手法買股票，1個月買 1 次就可以了。

當然很多人會認為，這樣無法買到最低點，為何要買到最低點呢？買到相對低點不行嗎？我們以 1 個月買 1 張中信金來說：你買在 2020 年 3 月 23 日收盤價 16.15 元（收盤價的最低點）和買在 2020 年 4 月 1 日收盤價 17.75 元（4 月 1 日剛好是公家單位的發薪日），雙方的價差是 1.6 元，也就是差 1,600 元。

你都可以每個月買 1 張中信金了，相信你的收入至少是 5 萬元以上的水準，你有必要貪圖這 1,600 元的利潤嗎？ 1,600 元只相當於你 5 萬元月薪的 3.2%（＝ 1,600 元 ÷5 萬元 ×100%）。有必要為了這麼微不足道的利潤，

搞到自己每天盯盤,看得很累嗎?既然都決定存股了,放輕鬆點,發薪日買股票就對了。沒事別給自己找麻煩,多多睡覺比較實際。

原則上,任何股票都可以存股,但最好是盡量挑比較好的公司來買,選股的條件剛剛說過了,忘掉的人可以自己再翻回去前面「選股策略」看看。

如果說你想存台積電,當然是可以的,但你要考慮清楚,台積電的現金殖利率大約在 2% 左右,別檔股票的現金殖利率可是 5%,只存 1 年的股票,是沒什麼差別,但如果是存 10 年的股票,雙方光靠現金殖利率就可以差距 30%。除非台積電的股價,能夠在 10 年內上漲 30%,否則雙方股價持平之下,你就少了 30% 的現金股利,台積電的股價還能繼續上漲 30%,到達 650 元附近嗎?我個人是很懷疑的。

如果你要購買華南金,就要考慮到華南金的競爭力低落。在 15 家金控中,有必要挑選競爭力較弱的公司,來長期投資嗎?當然你可以用「災難選股」的方式,把華南金放

進來，等華南金的股價上漲了，再賣掉。災難選股就是挑選爆發壞新聞的公司，原則上，只要是不會被災難擊垮的大公司，都可以用災難選股的方式買進。

　　也就是說，我們先前認為不適合買進的台塑、南亞、台化、台塑化，其實是可以用災難選股的方式買進，等股價上漲後，再賣掉災難選股。基本上，這就是一種短線操盤的手法，不過操盤的時間稍微久了一點，正常大約是 1 年～3 年。如果你挑選不適合買進的股票，來進行災難操盤，你就必須知道，這些股票日後都是必須要賣的，別一直存股下去。

　　買進股票的理由，永遠不是因為別人說這檔股票好，也不是因為你炒這檔股票套牢。這檔股票套牢了，你買其他檔股票賺錢，還不是一樣賺回來，沒必要冒著危險，硬操這檔股票。當真捨不得損失，就把股票放著，每年領現金股利，總有一天會回本。

　　我們肥羊流派因為思想和觀念上，和其他流派差異很大，因此經常遭受到其他流派無情的攻擊。我只能說一句話：

「如果這些股市名師當真炒股如此厲害，為何總家產幾乎都輸給本肥羊呢？」鈔票決定一切勝負，不爽的話，我們可以掏錢出來比。

Note

Chapter 2

自己篇》運用「肥羊炒股法」不論股市多空都能買股票

　　30 多年前的北方第 4 號牧場，肥羊正在揮舞木劍，負責照料羊群生活的狼媽媽（飼育員）走過來看到。

狼媽：「很不錯的劍法，要不要用這把真劍練習一下？」
肥羊：「不用了，我只是在鍛鍊身體而已。」
狼媽：「原來劍術是拿來鍛鍊身體的，我第一次知道。」

　　狼媽媽走後，肥羊在揮舞木劍時，不慎打到羊流氓，被 3 隻羊流氓追殺。肥羊逃進了狼媽媽的小木屋裡，立刻把門擋住，並大喊狼媽媽，但沒看到，只發現房間裡掛著一把真劍。

　　3 隻羊流氓在外拚命敲打木門，在木門被撞破之時，第 1

隻羊流氓衝進來，被肥羊一劍砍死；第 2 隻羊流氓呆了一
下，被肥羊往胸口刺出一劍；第 3 隻羊流氓轉身想逃，被
肥羊追上，用劍從後面貫穿背部。這時肥羊聽到一陣鼓掌
聲，狼媽媽從樹上跳了下來。

狼媽：「這才叫做劍術，肥羊你很有天分，好好訓練，以
　　　　後不得了。」
肥羊：「狼媽媽妳一直都在，為何不出來阻止？」
狼媽：「我為何要阻止，你手上不是有劍嗎？」
肥羊：「如果我沒看到掛在房間的劍呢？」
狼媽：「那證明你眼殘，你該死，不值得我救你。」
肥羊：「如果我不敢拔劍，殺那 3 隻羊流氓呢？」
狼媽：「那證明你軟弱無用，每天只想要別人救你，更該死。
　　　　你有檢查過 3 隻羊流氓的脈搏嗎？搞不好牠們還
　　　　沒死。」

　　肥羊拿起劍，往 3 隻羊流氓身上再刺一次，確定牠們真
的不會動了。狼媽媽看著肥羊毫不遲疑的動作，心中感到
十分欣慰，也許肥羊就是那個能完成狼媽媽多年心願的傳
說之羊。

10 年之後，肥羊在退休狼媽媽的推薦之下，成為第 4 號牧場的最高領導（飼育員）。之後肥羊在職涯最高峰時，藉著宴席，偷襲了其他的狼管理員，帶領著第 4 號牧場的 1 萬 3,000 多隻羊，逃離北方牧場，建立了肥羊王國，完成狼媽媽「帶領羊群逃亡」的多年心願。

　　「自己」是心理學的最基本，所有的心理學都是從自己出發的。你感受到悲傷，你感受到快樂，這都是你自己的感受而已，事物的本質未必就是悲傷和快樂。舉例來說：小美的前男友，奮發向上賺了很多錢，還上電視接受採訪。所有人應該都覺得這是個很勵志的故事，但小美可能看了電視後哭出來，因為小美甩了前男友。那些原本都是小美的錢，現在竟然拱手送給另一個女人，你叫小美如何不哭出來呢？

　　同樣的，小雅炒股票賠了 210 萬元，這是個非常令人傷心的故事。小雅把這個悲傷的故事貼在網路上，被小蝶看到，小蝶立刻留言嘲諷小雅根本不會炒股，還開心地笑了一整天（反正網路是匿名制，小雅怎麼可能想到，譏笑她

的人，竟然是自己的朋友小蝶）。

　　悲傷的故事能夠帶給很多人無比的歡樂，這解釋了為何一大堆電影都是悲劇，因為大家看到主角帶衰會很爽。嘲笑別人的不幸，這就是人類可悲的天性，也是人類建立優越感的必然過程。把別人打壓到不幸的階級，就能證明自己幸運，也能顯示出自己的高人一等。

　　以股票來講，股票大漲你可以解釋為「能夠進行投資股票」，因為後續股價還會繼續上漲；股票崩盤則解釋為「不能投資」，因為後續股價還會繼續下跌，這就是最常見的「順勢炒股法」。但同時股票大漲你也可以解釋為「不能夠進行投資股票」，因為後續股價有大規模下跌的可能性；股票崩盤則解釋為「能夠投資」，因為後續股價有大規模反彈上漲的可能性，這就是比較少見的「逆勢炒股法」。

　　一般說來，順勢炒股法會比逆勢炒股法受歡迎，不過數量最多的還不是順勢炒股法，而是「嘴砲炒股法」。股票大漲你可以解釋為「隨時會崩盤」，不能夠進行投資股票；股票崩盤則解釋為「後續股價還會繼續下跌」，所以不能

投資。

　通常在外面的社團中，嘴砲炒股法是最常見的，基本上最慷慨激昂的人，永遠是嘴砲炒股法。他們大概以為自己只要每天喊股票，就能夠賺到很多的錢。這種人一旦踏入本肥羊的炒股社團，我都是立刻封鎖的，簡直是玷汙本「股市肥羊」社團的水準。

　各位如果在外面看到這種每天喊股票卻拿不出交易紀錄的人，請立刻封鎖他。和這種嘴砲大師辯論根本浪費時間，搞不好他還能指出你股市理論的錯誤，學問滿滿，實戰零分，完全不值一提。只航海不看地圖，是胡亂航海；只看地圖不航海，是根本不想航海。你無法與不航海之人討論海上事物，也無法與不炒股票之人討論股票，除非你本身也是個不航海、不炒股的嘴砲之人。

買股票會賠錢＝股票可以買

　除了以上 3 種投資法，最詭異的應該是「肥羊炒股法」。股票大漲你可以解釋為「能夠進行股票投資」，因為後續

股價還會繼續上漲；股票崩盤則解釋為「能夠投資」，因為後續股價有大規模反彈上漲的可能性。這一點可以看一下我的第 1 本書《完整公開交易紀錄的肥羊養股術》，書裡提到：「股票萬點不是最高點，而是最低點。」此外，第 2 本書《躺著賺 1 年 400 萬的肥羊養股術》裡也有提到：「我喜歡在大跌時買進。」也就是説，無論股票大漲還是大跌，肥羊炒股法都認為能夠購買股票，這剛好跟嘴砲炒股法相反；無論股票大漲還是大跌，嘴砲炒股法都認為不能夠購買股票。

基本上，只要符合本書 Chapter 1 推薦的股票，都是肥羊派認為能夠購買的，只要不超過推薦價格就行了。無論台灣股市是 2 萬點，還是 2,000 點，統統都可以買股票。至於買了會不會賠錢，那是你家的事，不用詢問我。

「買股票會賠錢＝股票可以買」是肥羊炒股法最詭異的思想，其實跟嘴砲炒股法的根本理論是一樣的。「買股票會賠錢＝股票不能買」這是嘴砲炒股法最基本的思想，除非你能證明炒這檔股票穩賺不賠，否則無論台灣股市是 2 萬點，還是 2,000 點，嘴砲炒股法統統都認為不能買股票。

崩盤照買的股市肥羊心理學

也就是說，肥羊炒股法和嘴砲炒股法都認為買股票會賠錢，不過肥羊派決定要買股票，嘴砲派決定不買股票。相同的思考邏輯，不同的決策過程，希望各位能夠注意一下。

　　另外，也別再拿外面投資大師的書給我看，本肥羊沒在讀任何人寫的書，即使是股神華倫·巴菲特（Warren Buffett）的書，本肥羊也沒在看，巴菲特不是我的學生，我沒有必要知道巴菲特腦袋裡在想啥。肥羊派堅持只走自己的道路，即使與全世界為敵，也無所謂。

　　如果把嘴砲炒股法和肥羊炒股法進行統整，可以得到下面這個結論：「買股票會賠錢＝股票不能買＝股票可以買」。「不能買」和「可以買」在「買股票會賠錢」的前提下，竟然是相等的。其實這只是單純看待事物的角度不同而已，心理學就像一個圓，你怎麼解釋都可以。你可以說是正確的，也可以說是錯誤的；你可以說是黑色的，也可以說是白色的。因此爭辯是非黑白，無意義。重點不在於你怎麼看或怎麼說，重點在於你如何做。

　　也就是說，你對這檔股票的看法和講法都無意義，重點

在於你如何操作股票。台灣的股市名師只有強調看法和想法，公司的未來和財務報表，分析得非常清楚。但如何操作這檔股票，卻完全沒有任何做法，連交易紀錄都沒有，像這種嘴砲分析師，毫無任何學習的價值。

為什麼本肥羊要介紹順勢炒股法、逆勢炒股法、嘴砲炒股法和肥羊炒股法，這 4 種炒股法呢？就是要你自己去選擇。就像狼媽媽只給肥羊一把劍而已，砍不砍是你家的事，不用問過我的意見，老師只有提供工具而已。

你可以選擇順勢炒股法，這樣遇到飆股時，會有 10 倍的獲利；若飆股崩潰，你就去龍山寺練習乞討吧！你也可以選擇「逆勢炒股法」，這樣遇到崩盤時會大賺，不過 2020 年 3 月崩盤放空的人，幾乎全部賠錢就是（肥羊派認定 2020 年 3 月就是大崩盤，至於全世界認不認為 2020 年 3 月是大崩盤，本肥羊一點也不在乎）。

你更可以選擇最高深的嘴砲炒股法，穩賺不賠，賺到嘴砲開心，不可能賠任何錢。你的股市學問還能完勝所有炒股者，畢竟沒有任何人能像你一樣，在股市存活數十年而

不倒。

　　如果你決定選擇肥羊炒股法，恭喜你踏上一條賠錢的道路。很多人都以為我喜歡説賠錢是在開玩笑，沒有人在跟你開玩笑，我是很認真的。肥羊派的思考邏輯就是炒股 20 年後才能賺到錢（以現金殖利率 5% 計算，20 年剛好到達零成本）。所以有些 2020 年買到 22 元中信金（2891）的人，問我該怎麼辦？你就套牢啊。從現在起開始套牢，20 年後還沒有回本，我再告訴你下一步該怎麼做。

　　肥羊炒股法是依據我 2000 年玉山金（2884）套牢的經驗發展出來的。當時我玉山金整整套牢了 2 年，如果各位中信金套牢還不到 2 年，我只能説經驗太淺，賠錢應該的。像本肥羊 2017 年買中信金，持續持有到 2020 年，3 年來就是賺錢的，「長期投資＝短期虧損」，這一點希望各位能多多注意。

　　老師不會因為學生賺大錢而發財，頂多收到一盒中秋月餅而已。既然本肥羊沒有開訂閱文章在賺錢，那我也沒必要提供比一盒中秋月餅更高價值的服務。在商言商，資本

主義金錢至上，本肥羊從不做任何虧本的生意，所以別做任何多餘的要求。

再次提醒，所有本書 Chapter 1 推薦的股票都能夠購買，而且本肥羊還很貼心的附上最高可購買價格，至於你買不買那些肥羊推薦股，實在是不關我的事。也別問我那些公司的前景，你一定要問，我就說公司前景「非常好」，反正也沒人知道「非常好」是啥意思？可能只是代表公司 10 年內不會倒閉。非常好不過是一句無意義的形容詞而已。

我也不分析公司營運情形和財務報告表，我又沒在那家公司工作過，要分析什麼？你想聽外行人分析公司是你的事情，但身為大外行的本肥羊，沒必要分析公司，滿足你的幻想。原因很簡單，你給我的錢太少，一分錢、一分貨，不是嗎？一切炒股都是你家的事情，賺錢是你厲害，反正你賺錢也不分本肥羊花；賠錢是你技術太爛，也不要跑來煩我。凡事話先說清楚，就不會有糾紛了。

小雅跟隨著肥羊一起炒股票，遇到 2020 年 3 月股市大崩

盤時，肥羊認為可以買進中信金，小雅跟著買中信金，然後中信金繼續跌。

小雅：「肥羊，你不是說中信金可以買嗎？我從 19.5 元開始買，為何現在跌到 17.5 元？我買了 20 張中信金，賠了 4 萬元，將近 1 個月的收入，你知道我心有多痛嗎？」

肥羊：「妳心有多痛，關我什麼事啊？」

小雅：「不是啊，你是股票大師耶。粉絲賠錢你不願意負責就算了，至少也該聽聽我的抱怨吧。你不是醫師嗎？」

肥羊：「所以妳的意思是，要本醫師做心理諮商囉？ 1 小時 2,000 元。」

小雅：「你現在是搶劫啊？我都賠錢了，你還跟我敲詐 1 小時 2,000 元。」

肥羊：「沒錢就別廢話，醫療行為本來就是要收錢的。」

　　小雅已經認知到肥羊不可能賠她錢，為何還要找肥羊抱怨呢？因為小雅希望肥羊能夠安慰她、鼓勵她，最好還向

她保證 17.5 元就是中信金的最低點，這樣小雅才有加碼中信金的原動力。

　　簡單說，小雅需要肥羊溫柔的關懷，這單純是感情上的依賴而已。但肥羊為啥不肯給小雅溫柔的關懷呢？要知道話說得愈多，錯誤就愈多，如果肥羊跟小雅在股票的議題上講太多，可能會讓自己陷入不必要的麻煩。我們現在重新虛構一個人物叫瘦羊，假設他給予小雅滿滿的關懷，結果會變成怎樣呢？

小雅：「瘦羊，你不是說中信金可以買嗎？我從 19.5 元開
　　　　始買，為何現在跌到 17.5 元？」

瘦羊：「都已經 17.5 元了，再跌也跌不了多少，你應該繼
　　　　續買股票降低平均成本。」

小雅：「我買了 20 張中信金，賠了 4 萬元，將近 1 個月的
　　　　收入，你知道我心有多痛嗎？」

瘦羊：「炒股賠錢很正常，心痛就先忍耐一下，等股票反轉，
　　　　妳就會笑了。」

小雅：「感謝瘦羊大師的支持，我對於炒中信金又充滿了

希望。」

瘦羊：「繼續努力下去，妳會賺錢的。」

　　之後中信金跌到 16.5 元，小雅跑來找瘦羊怒吼。

小雅：「瘦羊，你不是說 17.5 元不會再跌了，怎麼又跌到
　　　　16.5 元？」

瘦羊：「我明明是說 17.5 元再跌也跌不了多少，沒說不會
　　　　跌啊。」

小雅：「你說謊，你還叫我繼續買股票，說可以賺錢，害
　　　　我虧得更慘。」

瘦羊：「我不可能會講這種話啊，妳誤會了。」

<hr />

　　小雅與瘦羊 2 人誰對誰錯呢？其實 2 人都對，都沒有錯。
語言這種東西，從你的嘴巴說出口，聽進別人的耳朵裡，
理解後化為記憶，然後消失了。問題點出在這個人的理解
和記憶是不是有錯誤？

　　「17.5 元再跌也跌不了多少」，瘦羊這個說法是正確的，

問題是小雅聽起來變成「17.5 元再也跌不下去了」,那自然應該加碼,才能賺錢啊。所以小雅在聽到瘦羊的鼓勵後,買了更多的中信金,賠得更慘,當然對瘦羊就更加憤怒。

優秀的心理學家能夠注意到自己講出來的話和聽眾的認知上,差距有多少,並且會試著去推敲聽眾是不是搞錯意思了,甚至會請聽眾把自己剛剛說的話,重複一遍講給自己聽,直到聽眾說「懂」為止。「懂」這個字的意思就是,要把事情重重的壓在心上,這樣才叫做「懂」。遺憾的是,很多人不知道這個道理,凡事都只是隨便聽過去,然後就說自己「懂」了,因此產生了嚴重的溝通障礙。

我以前曾看到一位網紅,經常抱怨粉絲的閱讀理解能力有問題。其實不是粉絲的理解能力有問題,而是網紅的寫作能力有問題,網紅沒辦法讓粉絲理解他的意思,因此雙方才會出現溝通障礙。

本肥羊自認為非常重視溝通這個問題,經常研究自己說出來的話與粉絲的理解的意思落差有多大?我的研究數據顯示,人家能聽懂你 70% 的話,就算很成功的溝通了。不

過這也意味著有 30% 的言語，他根本完全聽不懂。所以誤會還是很常見，因此謹慎言詞，避免過多不必要的話語，非常重要，「不多說話＝不會錯誤」。

人們看到了，人們聽到了，人們知道了，然後人們完全搞錯了。看到、聽到、知道，這都是別人自己說出來的話，沒人能保證他說出來的話是正確的。那你要如何相信別人真正理解你的意思呢？連夫妻都可以為了誰上廁所、誰掃地而吵架。請問這世上還有誰比夫妻之間更加親密呢？如果說連關係那麼親密的夫妻都不能互相溝通、理解，那麼硬要說本肥羊可以跟粉絲互相溝通、理解彼此想法，這肯定是在鬼扯。因此在文字和講話上一定得特別慎重，否則會被粉絲圍毆。

前面提到的 70% 理解能力，這是指在相信自己的粉絲身上，經過不斷的反覆溝通，才能夠達到的最高水準喔。那如果這個人根本不信任你呢？他根本懷疑你呢？說這些都太極端了，跟敵人有什麼好談的，他肯定不會理睬你。

舉個比較常見的例子，如果有一個人，他只是在跟你打

招呼閒聊而已，這樣 2 個人對於對方話語的理解能力是多少呢？大約就 0%～20% 左右。所以我們常說，每天都在聊天，聊的全部都是廢話，這樣雙方只是不斷的重複講話而已，既沒有重點，也不打算讓對方理解。

如果各位不擅長聊天的話，我可以教大家一些聊天的技巧。每次聊天的時候，就說「你講得很有道理」、「我能深刻體會你的感受」、「這件事情確實是如此」、「你做得完全都沒有錯」，再加上一些「嗯嗯」、「啊啊」、「對對」的無意義發語詞，保證能讓你成為當紅的聊天高手。

你不需要在聊天時說任何話，你只需要引導對方不斷的說下去即可。請問各位，這種每天的閒聊，到底是能理解什麼啊？

通常我在看粉絲時，也會注意一下，這個人是真粉絲？還是假粉絲？其實也不難分辨，因為我們肥羊流派講話有獨特的口氣。我們喜歡說：「我就是錢多花不完啦！」「愈跌要愈買啊！」「不先賠錢買股票，要怎麼賺錢賣股票？」像這種詭異的思想，正常人怎樣都無法理解，這是其他流

派無論如何都學習不來的獨到之處。

　　通常就算是假粉絲，只要客客氣氣的，其實留下來也沒什麼關係。但許多假粉絲講話可就囂張了：「中信金永遠只發 1 元現金股利，賺再多也沒用。」「富邦金（2881）有很嚴重的投資虧損問題，IFRS（國際財務報導準則）17號公報會導致保險業破產。」像這種人就是直接踢出去，他們需要學習的不是股市兵法，而是講話的技巧。

　　炒股是肥羊派的私人行為，實在是沒必要解釋給外面的人聽，所謂外面的人，包含你的父母，你的妻子（丈夫），和你的小孩。像這種親朋好友，其實是不可能理解肥羊流派的崇高思想，解釋起來浪費時間，就不用解釋了。

　　小真是一位股票網紅，有著一定程度的人氣。小真在 320元買了 20 張台積電（2330），然後在 2020 年 3 月崩盤時，以 250 元賣掉台積電，損失了 140 萬元。之後的故事就是，台積電股價狂漲不止，甚至一度超過 500 元（2020 年 11月 17 日盤中高點 506 元）。

小真寫了篇文章檢討自己的錯誤，表示自己雖然還留有足夠的生活預備金，但由於不知道 3 月崩盤會持續多久？半年？還是 1 年？所以先賣掉股票。再加上有認識的朋友，採用抗癌標靶治療，1 年內就燒掉 200 多萬元，小真警覺到自己的生活預備金根本不夠抗癌標靶治療燒 1 年。最後是新冠肺炎（COVID-19）的關係，小真擔心台灣如果封城，自己沒有儲藏到足以支撐 1 個月的糧食，所以才會賣掉台積電。小真的粉絲紛紛讚美：「小真好勇敢！」「是台灣唯一敢講自己炒股賠錢的網紅！」「勇於檢討自我！」

肥羊看到小真寫的這篇文章，就分享轉貼到自己的版上，肥羊的粉絲紛紛留言：「真笨，砍在阿呆谷 250 元。」「竟然能賣在台積電最低點（2020 年 3 月 19 日），太神了！」「這種水準都能當大師，3 月還繼續買的我，根本就是股神。」小真看到自己的檢討文章，遭到肥羊粉絲無情地批評，憤怒到無與倫比，跑來找肥羊理論。

小真：「你為何縱容自己的粉絲攻擊我？」
肥羊：「我哪裡管得了那些人，我連自家老婆都管不了。」
小真：「你知道我賠 140 萬元，心有多痛嗎？」

肥羊：「關我什麼事啊？妳自己炒台積電的，不是嗎？」

小真：「我們不是朋友嗎？」

肥羊：「我們絕對不是朋友，因為本肥羊沒有朋友。」

小真：「你應該踢掉那些攻擊我的粉絲。」

肥羊：「我拒絕，肥羊社團的家務事輪不到外人來干涉。」

小真：「你這樣子，我就把你以前偷拿我鋼筆寫字的事情
　　　　抖出來。」

肥羊：「快去做，十幾年前的往事也能拿出來講，根本就
　　　　過法律追訴期，鋼筆後來也還妳了，1支鋼筆也能
　　　　嘴砲這麼久。」

小真：「偷竊就是偷竊，沒有得到我的同意就擅自取用，
　　　　就是小偷。」

肥羊：「妳可以滾了。」

　　肥羊直接封鎖小真，小真就在網路上，譴責肥羊十幾年
前偷拿自己的鋼筆寫字，根本是偷竊的行為。小真的粉絲
紛紛痛罵肥羊人品低劣，沒有道德，不配當個醫師，是個
只會炒股的惡劣大師。

評論股災下賣掉台積電的3大理由

小真如果怕別人討論她買台積電賠錢，自己不要講出來就好了。自己大嘴巴愛講話，然後還害怕被別人批評，這簡直是莫名其妙啊。

至於小真說的賣掉台積電 3 大理由，我的評論如下：

理由1》不知2020年3月崩盤持續多久？半年或1年？

肥羊：這確實算得上是理由，但也沒人規定崩盤一定要持續半年以上啊！這次 3 月崩盤持續時間太短，只有 1 個月，這只能説是小真自己思慮不周。

理由2》抗癌藥物費用太昂貴，生活預備金無法支付

肥羊：沒錢就別治療，我的第 2 本書《躺著賺 1 年 400 萬的肥羊養股術》裡，小蝶她爸就是這樣死的。

理由3》擔心台灣封城，自己儲藏的糧食不夠

肥羊：去大賣場買個 1,000 份泡麵和礦泉水回家，10 萬元就足夠支撐 1 個月了。

認真說起來，後面 2 點其實稱不上理由，只是小真個人的恐慌而已。也就是說，小真在 3 月崩盤時，陷入恐慌的情緒，再加上小真判斷股票不會只跌 1 個月，「肯定」還會繼續下跌，因此賣掉股票。

所以小真的真正問題點在於自己的恐慌，但小真從沒檢討過自己的恐慌，她只是很認真地跑來檢討肥羊而已。以這種方式自我檢討的人，一輩子都不可能檢討出真正的失敗原因。像本肥羊對於 2008 年賣掉玉山金的檢討，至今已經持續 12 年了，每年都要檢討一次玉山金，這樣才叫做檢討。

為何小真的粉絲，對於小真賠 140 萬元的反應，和肥羊的粉絲不同呢？因為那些人都是小真的粉絲啊。他們就是喜愛小真，才會追隨小真。簡單說，有問題的是小真的粉絲，而不是肥羊的粉絲。

後來因為小真的這篇文章很火紅，畢竟買台積電賠錢的人太罕見了。各大股票社團紛紛出現轉貼的小真文章，那些人的回應，基本上和肥羊的粉絲一樣，就只是單純譏笑

小真而已。小真被熱愛自己的粉絲所包圍，小真和粉絲一起檢討台積電的賠錢原因，這根本就是營火取暖晚會，不可能檢討出任何結果。

什麼樣的人就會和什麼樣的朋友聚在一起，如果你的朋友老是出一些購買康友-KY（6452，2020 年 8 月 18 日停止買賣）的主意，或者你的老婆老是吵著要你在 2020 年 3 月崩盤時賣掉台積電，那麼你炒股賠錢最該檢討的，不是老婆和朋友，而是你自己。因為你本身的言行舉止，才會吸引這群親人和好友不斷地亂出餿主意，請務必深刻檢討你自己。人世間的一切不順利，全部都是個人的無能所造成，與家人、朋友、公司和政府都無關。

「身是菩提樹，心如明鏡台，時時勤拂拭，勿使惹塵埃。」這首偈語出自《六祖壇經》的〈行由品第一〉，白話翻譯就是人的身體看起來就像一棵菩提樹，人的心靈就像鏡子一樣明亮，我們一定要經常去掃除自己的心靈，才不會讓自己的靈魂，沾惹上世俗的汙穢和情緒。強調控制自己情緒的重要性，你的情緒會引來世俗的汙穢，世俗的汙穢又進一步加重自己的情緒，最後導致自身的判斷完全錯誤，

墮入魔道。

　　所以説檢討自己真的很重要，千萬不要只會認真檢討別
人的錯誤。人世間一切的失敗，都是因為自身的無能所造
成，絕對不是因為別人的無能，才造成今天的失敗局面。
無法理解自身無能的你，終其一生，都只能和一群無能的
朋友混在一起，講些無關痛癢的鬼話而已。就如同網路上，
那些喜歡批評別人炒股的酸民一樣。別人炒股是賺是賠，
炒股方法是對是錯，到底關你什麼事了？

Note

Chapter 3

思想篇》避免輕易賣掉股票 錯失之後的漲價利潤

西方水羊族的謹羊王子，邀請肥羊王共同抵抗狼族。

水羊族將軍：「目前狼族在邊境地區的活動極為活潑化，
看來是打算大舉入侵水羊族。」

謹羊王子：「派去山羊族的使者呢？」

水羊族將軍：「山羊王沒說好，也沒說不好。」

謹羊王子：「那就是打算在旁邊看戲，等我們和狼族兩敗
俱傷後，再趁機撈點好處，運氣好的話，也
許還能順便兼併水羊族的領地。」

水羊族將軍：「狼族勢力極為龐大，我們投降好了。」

謹羊王子：「然後整個水羊族被當成畜生飼養，長大後屠
宰嗎？肥羊王，你與狼族對抗多年，有何看
法？」

肥羊王：「狼族士兵極為精銳，可以穿戴 25 公斤的鎧甲和
　　　　長劍，再背負著 25 公斤的糧食，總負重 50 公
　　　　斤的狀態下，每天能行進 100 公里。如果 10 個
　　　　羊族士兵圍攻 1 名狼族士兵，羊族士兵將會全
　　　　滅，以一敵十是狼族最基本的戰鬥能力。水羊
　　　　族還是趁早投降好了，反正根本打不贏。投降
　　　　後公羊可活 15 年，母羊可活 30 年，其實日子
　　　　過得還不賴，沒那麼悽慘啦。而且因為公羊少，
　　　　母羊多，每隻公羊都能娶到老婆，屬害的甚至
　　　　能娶到 10 個老婆，大家再也不用擔心交不到女
　　　　朋友了。」

謹羊王子：「那肥羊王為啥不投降狼族呢？」

肥羊王：「我肥羊一族從北方第 4 號牧場逃離，歷經千辛
　　　　萬苦才抵達火山要塞，如果現在投降狼族，那
　　　　十餘年來的辛苦算啥？就算肥羊族最後會敗在
　　　　狼族手上，那也是天意，沒有辦法啊。我肥羊
　　　　族絕對戰至最後 1 隻羊為止。」

謹羊王子：「區區肥羊一族，在『1 隻母羊必須生 10 隻小羊』
　　　　的變態肥羊律法下，經過十餘年的努力繁殖
　　　　後，總數也不過十餘萬。肥羊族尚且敢與狼

族奮戰 10 餘年，我堂堂水羊族 50 萬精銳，
豈有還沒打仗就先投降的道理？以後再有任
何人敢說投降的，下場就像這張桌子一樣。」

謹羊王子拔出配劍，將前方的桌子切成兩半，在場所有
將軍全數嚇到目瞪口呆，沒有一隻羊敢開口說話。

一支軍隊只能有一個領導者、一個目標、一個前進方向，
這樣的軍隊才會強大。既然謹羊王子決定要打仗，那麼其
他主張投降的將軍，就只好請你改變想法，或者把你的腦
袋切下來改變想法。其他將軍如果不滿的話，看是要逃亡
或辭職都可以。總之打仗的決議就是這樣子，不需要繼續
討論，也沒必要全體表決，謹羊王子說了就算。

炒股社團也是一樣，既然肥羊決定要繼續買進富邦金
（2881）或中信金（2891），那麼你只能支持。不爽的話，
你可以賣掉手上所有的股票，那是你的私人行為，任何人
都不能干涉。但無論如何，都不能說富邦金或中信金的壞
話，否則踢出社團，本肥羊不管你說的是事實或是謊言，

我就是要踢掉反對的人。本肥羊思考邏輯很簡單，不用試著說服我，本肥羊聽不懂人話。

　　小雅是「股市肥羊」社團的開國元老，小雅在社團裡面討論了一些金融股的問題，被肥羊阻止後，不予理睬，還是繼續討論，直接踢出社團。

小雅：「我們是認識的朋友耶，為何踢掉我？」

肥羊：「知道是朋友，就別在社團裡面跟我唱反調。」

小雅：「我只是說出客觀事實而已。富邦金在中國有很多的投資事業，中國景氣那麼差，難保這些投資事業不會變成呆帳。中信金一直都很小氣，現金股利只給 1 元，董事薪水倒是給得很大方，平均每位董事酬金為 7,279 萬元（依據 2019 年公開觀測站資料）。這 2 家爛公司，我批評它們有什麼不對嗎？」

肥羊：「沒什麼不對，但我要踢妳。」

小雅：「簡直不可理喻，太莫名其妙了，我要燒掉你的 2 本著作。」

崩盤照買的股巾肥羊心理學

肥羊：「反正是妳買的書，愛怎麼燒隨便妳。可能的話，
　　　順便幫我把出版社的書籍燒一燒，消化一下不良
　　　庫存。」

　　小雅跟肥羊的感情很好嗎？如果 2 人感情很好，小雅怎麼會不知道肥羊要踢掉她？所以可見得雙方交情很普通，頂多不過就是見面打打招呼的感情而已，比陌生人強一點點。那為什麼小雅堅持要在社團說金融股的壞話？因為小雅自認為是肥羊的朋友，肥羊絕對不敢踢她。

　　這種仗著自己跟你很熟，然後數落你的人，在現實社會上還真的滿多的。我是你的老媽，所以我料定你一定不敢罵我，因此我可以罵你，但你不能罵我，所以我要一直罵你，可是你絕對不能罵回來，否則就是不孝，這就是最常見的家庭言語暴力。老媽這個身分讓她產生了足夠的依靠，然後仗著老媽的身分一直幹譙你，就是賭你不敢上法院，告她公然侮辱。

　　在網路上則是拿著新聞罵人，比如說貼出「中信金踩到

新加坡興隆案損失約 27 億元」的相關新聞，然後補上一句「中信金真爛」，然後到中信金的社團幹譙人。他們不會在玉山金（2884）的社團幹譙中信金，因為大家沒反應，所以他們一定是專程到中信金的社團幹譙中信金，這種行為不就擺明找碴嗎？因為中信金踩到地雷是真的新聞，所以我料定你不敢回嘴，因此我可以罵你，但你不能罵我，這就是網路霸凌。

　　現實上則是指著你的工作疏失，然後批評你這個人根本一無是處，因為你工作犯錯是真的，所以我可以罵你，但你不能罵我，這就是職場老鳥欺凌。無論是家庭言語暴力、網路霸凌，還是職場老鳥欺凌，一切都是有憑有據的，因此我可以罵你，但你不能罵我，否則你就是不能接受我忠言逆耳的教導，你就是態度惡劣的草莓族，我則是好心提醒你的善心人士。多完美的藉口啊！明明就是嘴砲，還有一大堆理由。舉著仁義道德的大旗，幹些無仁、無義、無道德，四處幹譙人的行為，這招對付正常人根本萬無一失。

　　可惜本肥羊不是正常人，我今天不管你說的話是對還是錯，我只會研究你是不是在罵我？是的話，就罵回去。老

崩盤照買的股市肥羊心理學

媽罵我就踢去安養院，老婆罵我就切斷她的生活費，網友罵我就永久踢出社團，現實朋友罵我就斷交，老死不相往來。永遠要對待罵你的人殘忍，他們才會感到害怕，否則他們會一直欺負你的軟弱，一直不停地罵你。

嘴砲之人何時才會悔改呢？就是當他感到恐懼的時候就會悔改，否則永遠不會悔改。如果肥羊縱容小雅在社團講金融股的壞話，社團必定有些人會反彈，然後跟小雅吵起來。那麼肥羊之後該怎麼做呢？縱容小雅嗎？那麼她肯定以後會更加囂張地亂罵一通，激起社團更多人的不滿，然後整個社團吵成一團。

如果希望社團的人能夠團結一致，就得先對付掉不團結的人。不能認同本肥羊的理念，就沒必要待在社團裡，目前本社團的永久封鎖人數已經超過 1,000 人了，實在是不差多封鎖你一個嘴砲之人。不用為自己的殘忍行為感到遲疑，反正他們罵你時也沒遲疑過，彼此彼此而已。

再來，我們討論一個很現實的問題，雖然小雅很看衰中信金和富邦金，但肥羊有阻止過小雅賣中信金和富邦金嗎？

沒有喔，肥羊從不阻止任何人賣掉股票。那小雅為何不乾脆貼出賣掉中信金和富邦金的交易紀錄，用實際行動來嗆肥羊的選股能力有問題呢？因為小雅根本沒有中信金和富邦金，自己沒有的股票要如何賣掉呢？

就像我常看到一個很紅的網路名師，每天吹噓著自己有幾千萬元的股票，但我從沒看過他的交易紀錄。原因很簡單，他就沒有買股票，每天單純畫虎爛而已，要怎麼貼交易紀錄給你呢？

沒有中信金和富邦金就不能賣嗎？其實可以喔，只要放空就行了，使用融券，就能輕輕鬆鬆地賣掉中信金和富邦金。那小雅為何不放空呢？既然她如此地看衰這 2 家公司，直接放空不是最好的選擇嗎？很簡單，小雅不敢啊！小雅怕富邦金和中信金跌不下去，所以根本不敢放空。

注意到小雅的問題點了嗎？小雅覺得中信金和富邦金很爛，卻認為這 2 家公司股價跌不下去。那你這「很爛」的意思是什麼？股價不會下跌，所以很爛嗎？難怪很多人都認為炒股很簡單，只要逆著散戶的思考邏輯，特別是挑最

多人看衰的股票買進，就能輕輕鬆鬆賺到錢。反正散戶看衰也不敢放空，沒什麼好怕的。

我們常看到許多股市名師說金融股很爛，降息導致銀行利差減少，連富邦金都退出房屋貸款市場了，景氣不好導致銀行呆帳愈來愈多，可見得借錢這個行業愈來愈難做。

我們就當這些股市名師說的都是事實好了，請問這些股市名師做了什麼？他們放空了幾張金融股股票呢？根本就沒有，對吧？這不就是嘴砲大師嗎？這些人真正想做的只有一件事情，批評買金融股的人都是笨蛋，跟隨他們炒股的人才聰明。削弱敵人的勢力，好增加自己的訂閱文章人數，靠訂閱文章來賺大錢。

不炒股就不可能賠錢，每天嘴砲，訂閱文章就能賣出去，典型的零風險高獲利。這些不買股票的股票大師真是高招啊，難怪永遠炒股無敵，華倫・巴菲特（Warren Buffett）都追不上他們的水準。

看一個人不要看他的言語，而要看他的行為。就如同看

一棵水果樹，不要看它的外表，而要看它的果實，香蕉樹不可能長出龍眼，芭樂樹生不出火龍果，用果實來判斷才是最精準的。人也是一樣，用行為來判斷才是正確的，言語只是廢話而已。所以我一直在推廣公開交易紀錄，就是要用交易紀錄來打擊這群每天只會畫虎爛的大師，只會酸人的網民。

　　這裡是股市，有什麼問題，大家掏錢出來解決，用鈔票分勝負，不要只會每天打嘴砲。至於公司有什麼問題，公司自己會去解決，不勞我們這些外行人煩惱。如果公司解決不了這些問題，公司會倒閉，我們更不需要去替董事長煩惱。記住一件事情：「好公司要買進，爛公司要賣出，不好不壞的公司就放著領現金股利，不買也不賣，靠領現金股利回本。」因此討論一家公司的好壞，無價值。針對這家公司的好壞來調整自己的股票策略，這樣才有價值。

　　「畫竹多於買竹錢，紙高六尺價三千。任渠話舊論交接，只當秋風過耳邊。」鄭板橋的這首七言詩是說，我（指鄭板橋）畫這一幅畫的價格，比你買竹子的價格更貴，一幅畫，紙高達六尺，價格就是三千。不管你說自己和我的交

情多好，希望我能夠給點優惠，我都一律當作沒聽到。

同樣的道理，我們肥羊派炒股有一定的原則和一定的價格，這些資料都是公開的。不管你怎麼討論，説我們的公司很爛，我都完全不會當一回事，只會把你踢出社團而已。

我們為人處事一定要有自己的主見，千萬別被閒雜人等影響。人家説中信金爛，你就當中信金爛；人家説富邦金好，你就當富邦金好，也沒有想過跟那些人討對帳單來看看，驗證一下大師説的跟做的是否一樣。像你這種腦袋空空，態度也左右搖擺的學生，就算是巴菲特都沒辦法教導你。

小真在計算玉山金的投資報酬率，2020 年公司配發現金股利 0.79 元，股票股利 0.8 元。以 2020 年 7 月 27 日收盤價 28.95 元計算：

利潤為 3.106 元（＝股票股利 0.8 元 × 收盤價 28.95 元 ÷ 面額 10 元＋現金股利 0.79 元）。殖利率為 10.73%（＝利潤 3.106 元 ÷ 收盤價 28.95 元 ×100%）。

小真很得意地向所有人宣布，玉山金的殖利率是
10.73%。

10.73% 的殖利率簡直是暴利啊！有這種獲利水準，
勞保也不會破產了。所有粉絲瘋狂搶進玉山金，然後呢？
以 2020 年 9 月 22 日的 1 股收盤價 25.6 元計算，還比
2020 年 7 月 28 日的 1 股除權價 26.1 元，倒賠 0.5 元。
玉山金 10.73% 的殖利率在哪？根本是一群人做白日夢。

現金股利重要性遠勝於股票股利

本流派一貫的立場，認為股票股利是垃圾，現金股利才
有價值。如果這種說法刺傷了你脆弱的心靈，本肥羊一點
也不在乎。我們假設中信金股價 19 元，每年都配 1 元現
金股利；玉山金股價 26.5 元，每年都配 1 元股票股利。
然後這 2 家公司，每年股價都無限下跌，持續 20 年，最
後 2 家公司同時倒閉。

我們在第 20 年的時候會發現，中信金賺錢了，因為我

們拿回現金股利 20 元（＝現金股利 1 元 ×20 年），比起原先投入的股價 19 元，還淨賺 1 元。而玉山金呢？雖然你的股票從 1 張玉山金變成了 6.715 張玉山金（詳見表 1），但你的玉山金還是賠錢，因為公司倒了，你血本無歸，26.5 元的投入成本，全部消失地無影無蹤。因此我再三強調，肥羊流派永遠只看現金股利，股票股利直接當成垃圾。

　　剛剛的例子是有點極端，現實上不至於發生，畢竟 2 家都是大公司，要倒閉有點難度。我只是想告訴各位，如果炒股都穩賺不賠，其實不用去管什麼現金股利，照著你爽快的方式炒股就行了，但如果你炒股會賠錢、套牢，現金股利才是你解除套牢唯一的方法，股票股利無法讓你解套。

　　小雅買中信金 21 元，共 20 張，假設現在價格為 19 元，現金股利 1 元。於是小雅將現金股利 2 萬元（＝ 1 元 × 每張 1,000 股 ×20 張），列為今年的獲利。持有的 20 張中信金則繼續長期投資，小雅宣稱自己的算法符合會計原則。

表1 玉山金每年配股1元，20年後可有6715股

玉山金（2884）股票股利試算

年度	年初股數	每年配股	年末股數
第 1 年	1,000	100	1,100
第 2 年	1,100	110	1,210
第 3 年	1,210	121	1,331
第 4 年	1,331	133	1,464
第 5 年	1,464	146	1,610
第 6 年	1,610	161	1,771
第 7 年	1,771	177	1,948
第 8 年	1,948	194	2,142
第 9 年	2,142	214	2,356
第10年	2,356	235	2,591
第11年	2,591	259	2,850
第12年	2,850	285	3,135
第13年	3,135	313	3,448
第14年	3,448	344	3,792
第15年	3,792	379	4,171
第16年	4,171	417	4,588
第17年	4,588	458	5,046
第18年	5,046	504	5,550
第19年	5,550	555	6,105
第20年	6,105	610	6,715

註：1. 假設玉山金每年配股票股利 1 元；2. 數值採無條件捨去法計算

崩盤照買的股市肥羊心理學

符合會計原則，就不符合現實啊！要小雅承認自己炒中信金虧損 2 萬元（現價 19 元＋現金股利 1 元－每股買進價 21 元＝每股虧損 1 元，故 –1 元 × 每張 1,000 股 ×20 張＝ –2 萬元），有這麼痛苦嗎？明明就是炒中信金賠 2 萬元，瞎掰什麼會計原則。要是會計原則能當真，康友 -KY（6452，2020 年 8 月 18 日停止買賣）會停止買賣嗎？一家帳上有 25 億元現金的公司（2020 年第 1 季的現金餘額，依據 Goodinfo! 台灣股市資訊網的資料），會瞬間停止買賣，你相信嗎？

　　我再三告訴過各位，財務報表這種東西，參考就好，千萬別當真啊！小雅之所以要做假帳，就是想掩飾自己炒股賠錢的不堪事實。人們讀了一堆書的結果，就只是學會替自己的失敗，找藉口而已。像小雅這種人，基本上已經不適合繼續炒股票了。以後各位如果看到這種算帳算得很奇怪的傢伙，千萬要離他遠一點，會被帶衰的。

　　我們剛提到康友 -KY 停止買賣，從財務報告表來看，完全看不出任何問題。但從現金股利來看，問題其實就很清楚了。康友 -KY 在 2017 年每股盈餘（EPS）12.71 元，

隔年配發的現金股利是 8 元；2018 年 EPS 為 14.29 元，但隔年卻變成配發現金股利 3.2 元，股票股利 2.82 元。EPS 增加，但現金股利卻縮水成前一年的 40%（＝ 3.2 元 ÷ 8 元 × 100%），這裡就是很明顯的問題點。

　你從財務報告表完全看不出問題的公司，用現金股利來看就是「一清二楚」。我常告訴各位，關於股票股利，公司只要拿幾張白紙，就能立刻印出來，幾乎是零成本啊！但現金股利必須拿鈔票出來撒，這成本可是很重的。因此財務有問題的公司，都是發股票股利；能正常發放現金股利，完全不縮水，就證明你這家公司財務沒問題。現金股利不只能幫助你在賠錢時解套，也能幫你看出公司的財務問題，非常重要。

　「山外青山樓外樓，西湖歌舞幾時休？暖風薰得遊人醉，直把杭州作汴州。」這是宋代林升的《題臨安邸》，白話翻譯為在一座青山的外面，還有一座青山；在一座高樓的外面，還有一座高樓。西湖的歌舞，要唱跳到什麼時候才會停止？溫暖的風讓人陶醉，搞不清楚這裡是杭州？還是汴州？這首詩描述人們無意戰爭，於是躲避在歌舞之中。

這樣的做法其實是人性的通病，像小真幻想玉山金每年可以賺 10.73%，像小雅不願意去面對中信金賠錢的事實，其實你要怎麼瞎掰都是可以的，反正是你的錢。但只有像謹羊王子這樣，立志向狼族宣戰，未來才有可能改變。

人為何不願意睜開雙眼，看清楚這個世界呢？因為現實太過殘酷了，還不如沉醉在自己的幻想，用香菸和酒精來麻痺自己，用幹譙政府來發洩心中怒氣，在網路上到處嘲諷別人來證明自己的優越。反正這些人永遠無力改變現實，也永遠不想改變現實，就隨便他們永遠墮落在貧窮的地獄吧！反正老了可以去龍山寺乞討，領愛心便當，睡在公園地上也很舒服。

金融股遇市場崩盤必定出現獲利、股價雙跌

肥羊在 2020 年 7 月時，高喊玉山金無法在 2020 年內填權。這說法不得了，引起社團內強烈反彈，肥羊將這些反對的人全數踢掉。

小蝶：「有必要這樣高喊玉山金無法填權，弄到社團分裂
　　　嗎？」

肥羊：「我就覺得玉山金無法填權，不能說嗎？」

小蝶：「可是這樣會刺激到一些團員啊！」

肥羊：「刺激就刺激啊！我自己創立的社團，我自己講話，
　　　還需要看別人臉色嗎？我就是想做自己想做的事
　　　情，貫徹自己的言論自由，才創立這個社團的，
　　　這就是我『自己爽』的風格。」

小蝶：「然後你的言論自由，嚴重干涉到別人的言論自由；
　　　你自己爽，害別人不爽。算了，你是團長，你愛
　　　怎樣就怎樣。你怎麼知道玉山金 2020 年無法填
　　　權？」

肥羊：「2020 年 3 月崩盤時就知道，新冠肺炎（COVID-19）
　　　疫情引起各國鎖國，必然導致許多觀光旅行業倒
　　　閉，低油價衝擊到無數的石化產業。這些受到影
　　　響的公司絕對會還不出銀行的貸款，形成大規模
　　　的呆帳，造成銀行獲利降低；再加上這 4 年來，
　　　金融股太紅了，肯定會有許多股市名師趁機落井
　　　下石，上電視打擊金融股，所以我判斷玉山金
　　　2020 年無法完成填權。」

小蝶：「等等，你剛剛說的不是針對玉山金的批評，而是針對所有金融股的批評。」

肥羊：「金融股齊漲齊跌，當然不可能只有玉山金下跌，其他銀行沒事。」

小蝶：「所以說你手上的中信金和富邦金，股價也都會下跌？你都知道股價會下跌了，為何還要一直買股票？你應該賣掉股票吧？」

肥羊：「我雖然知道股價會下跌，應該賣掉股票，但我不知道何時能夠買回股票。既然無法預知何時可以買回股票，乾脆就不要賣股票，這樣就不用煩惱要在何時買回股票了。」

小蝶：「這邏輯說不過去啊！明知道股價會下跌，還買股票，這樣不是讓自己承受更大的虧損嗎？」

肥羊：「這就是肥羊兵法的最終奧義！空手接刀，肉身擋劍，勇敢跳進鱷魚河，不怕死的自殺攻擊，神風特攻隊。」

其實金融股的股價下跌，早在 2020 年 3 月股市崩盤時，就能看出來。公司都倒了，欠銀行的錢怎麼可能會還？銀

行的獲利絕對會變差,這是每位股票名師都知道的事實。只要翻翻 1999 年起的金融歷史,就可以清楚看到崩盤造成大規模企業倒閉,銀行收不回貸款的金錢,提列許許多多呆帳。要知道這些歷史,甚至不需要擁有 21 年的炒股經驗,只要打開 Goodinfo! 台灣股市資訊網(goodinfo. tw/StockInfo/index.asp),輸入「玉山金」,就可以清楚看到玉山金每次遇到崩盤,必定難看到爆炸的爛獲利。這一切都不是預知,而是已知。

不知道金融股遇到崩盤就會垮掉的事實,只能證明你根本不懂金融股。獲利變爛,股價也會跟著變爛,這是金融股多年來的固定模式。坦白說,2020 年金融股竟然幾乎都沒有出現虧損,以歷年崩盤來講,2020 年算是歷次崩盤之中,金融股表現最好的一次。既然 2000 年崩盤和 2008 年崩盤都不足為懼,2020 年 3 月崩盤也不值一提啦!鈔票撒下去買就對了。

你當然可以選擇賣掉金融股,以減少進一步的損失。本肥羊在 2008 年就是這樣賣掉玉山金的,當時本肥羊至少逃過了 60 萬元的損失,這可真是非常了不起的猜盤成就

啊！但悲劇就在此時發生，本肥羊不知道何時可以買回玉山金？結果之後錯過的漲價利潤，高達 400 萬元以上。為了逃避 60 萬元的損失，而錯過 400 萬元以上的利潤，值得嗎？從那之後，本肥羊就不隨便亂賣股票了。

人必須知道自己的無能，承認自己的無能，才能改正自己的無能。既然本肥羊沒有能力知道何時可以買回金融股，那就乾脆不賣，放著讓金融股股價下跌，吃下所有的損失，這才是真正的肥羊流奧義。

小真在 2020 年 3 月崩盤時，預言新冠肺炎疫情將會大規模流行，引起全世界的經濟衰退，造成台灣股市下跌至 4,000 點。

肥羊在 2020 年 3 月崩盤時，預言新冠肺炎疫情將會在 7 月消失，因為病毒受不了夏天的高溫被熱死了，全世界的經濟將會恢復，台灣股市將再現 1 萬 2,000 點的榮景。

小真對新冠肺炎的預測完全精準，但台灣股市並未如小

真所預言般的，下跌至 4,000 點，而是如肥羊所說的，站上 1 萬 2,000 點，甚至都突破 1 萬 4,000 點（2020 年 12 月 4 日收盤價 1 萬 4,132 點）了。小真大喊「這不可能！」股市漲幅完全偏離了基本面，這一定會垮。

小真的預測完全正確，可惜股市不甩小真的正確分析。慢慢的，小真辛苦聚集起來的粉絲，也都離開了小真。

「聖人不凝滯於物，而能與世推移。世人皆濁，何不淈其泥而揚其波？眾人皆醉，何不哺其糟而歠其醨？何故深思高舉，自令放為？」此段話出自《漁父》，描述屈原遭到放逐後，漁父勸解他的話。用白話來講就是聖人不會被人世間的事務所牽絆，而能夠跟著時代進步；所有人都混濁，那就應該把水裡的泥巴挖起來，讓水變得更混濁；所有人都喝醉了，就應該吃著釀酒後剩下的殘渣，讓自己喝得更醉。為什麼要深思熟慮又自命清高，導致自己遭到放逐呢？

股市是一個很現實的地方，你的理論正確沒用，問題點

在於股市不正確啊！瘋狂的股市完全沒有正確的觀念。這就像是在一場轟趴裡面，每個人都喝醉了，就只有你一個人保持清醒，那你說到底是誰喝醉了呢？當然就是保持清醒的你，喝醉了；所有喝醉的人，都清醒。

許多人之所以會研究股票，研究到精神崩潰，就是這樣子。你努力研究股票，希望能找出股市的正確答案，但你有考慮過股市會選擇錯誤的答案嗎？既然股市會選擇錯誤的答案，那麼堅持正確答案的你，不就錯了嗎？

「道可道，非常道；名可名，非常名。『無』名天地之始；『有』名萬物之母。故常無，欲以觀其妙；常有，欲以觀其徼。此兩者同出而異名，同謂之玄。」老子《道德經》這段話闡述的是，能夠告訴你的道理，就是這並非一般的道理；能夠取的名字，就是這並非一般的名字。你可以叫做「無」，因為它在天地創始之前；也可以叫做「有」，因為它是萬物的母親。

我們要想更好地理解一個事物，必須要從常「無」的境界中體悟它的本源和本體，如要想更透徹精闢，則需要在

常「有」之中領悟它的無邊無際。「無」和「有」，這 2 個名字雖然完全不一樣，但其實是指同一個東西，這就是「玄」啊！

　　股市最奧妙的地方在於，你可以在股價下跌時賣股票，這樣能避開大跌的損失；你也可以在股價下跌時買進股票，這樣能獲得股價反轉時的利潤。因此股價的操盤手法並無對錯，所以爭辯公司的好壞，也全無意義可言。

　　既然覺得公司好，你可以買進，但股價可能會下跌，害你賠錢；既然覺得公司爛，你可以放空，但股價可能會上漲，讓你賠更多錢。因此爛公司可以讓你賺到大錢，好公司也可以讓你賠到破產。既然公司好壞和股價漲跌無關係，你又何必浪費時間爭辯公司的好壞呢？重點應該在於你炒股是賺錢？還是賠錢？

　　與其拿新聞出來爭辯公司的好壞，不如掏出自己的交易紀錄，讓大家看看你到底會不會炒股？每個人都可以像小真一樣，自稱股市名師，炒股連賠 6 年的股市名師，真不知有何價值可言？

Note

崩盤照買的股市肥羊心理學

Chapter 4

阻礙篇》想靠炒股賺錢 就得先學會接受虧錢

　　謹羊王子下令封閉水羊城，所有城門進出人員一律盤查，婦女和小孩可以離開城外，年輕公羊一律抓起來，接受軍事訓練，金錢和糧食嚴禁帶出城外，抗令者當場斬首示眾。封城令發布後第 3 天，就看到太平公主帶著幾十車的財物和糧食，以及數百名年輕僕人，準備強闖東門，前往山羊族的南方王都避難。

謹羊王子：「任何人不得攜帶財物和糧食離開水羊城。」

駙馬：「現在是怎樣，耍官威耍到自己姊夫身上嗎？不帶財物和糧食，你是要我和你姊姊，在山羊族的南方王都乞討嗎？」

謹羊王子：「軍令就是軍令，不得更改。姊夫，請你不要公然反抗，否則斬首示眾。」

駙馬：「我是誰，你姊夫耶！你要砍我腦袋嗎？你再怎麼
　　　看我不爽，也得念在你姊姊和 2 個小孩的分上，
　　　放我們離開吧。」

謹羊王子：「姊夫再不離開的話，就只能當場處死了。」

駙馬：「沒有水羊王的命令，你憑什麼殺我？」

　　1 把染血的長劍，從駙馬的身體穿出，太平公主嚇到大聲
尖叫，所有僕人紛紛四散逃命。第 2 天，水羊王要求謹羊
王子參加御前會議，解釋一下情況。謹羊王子和肥羊王直
接帶兵 3,000，殺進皇宮，順便將太平公主和 2 個小孩的腦
袋，丟在御前會議的桌上，所有高官紛紛震驚。

肥羊王：「太平公主起兵造反，謹羊王子已將她就地正法。」

水羊王：「我看是謹羊王子起兵造反吧！」

肥羊王：「太平公主之所以敢造反，是因為謹羊王子的權
　　　　限不夠。請水羊王退位，並交出傳國玉璽。」

水羊王：「以為我很想當國王的樣子嗎？退位就退位，謹
　　　　羊王子這個不忠不孝之人，我倒想看看有誰會
　　　　支持他？當初謹羊王子剛出生時，就應該直接
　　　　掐死他。」

水羊王大怒，將玉璽直接丟到地上就走了，肥羊王趕忙撿起來，交給謹羊王子，所有高官紛紛下跪，高喊：「謹羊王萬歲，萬歲，萬萬歲！」

這個故事清楚地告訴我們，阻礙謹羊王子對抗狼族的，其實就是自己人，太平公主、駙馬、水羊王，這群人統統都在扯謹羊王子的後腿。為什麼中國人每次打仗都會輸呢？人口都已經破億了，打不贏只有幾百萬人的游牧民族，就是因為有一群人每天扯後腿啊！

妨礙岳飛北伐的秦檜、賜死袁崇煥的明朝崇禎帝，有時翻翻歷史都在想，這些人真的想打仗嗎？如果謹羊王子真的想打贏狼族，就必須先除掉這群拚命扯後腿的自己人。殺光姊姊一家、逼迫父親退位，這些都是必然採取的手段。

你不可能改變這些人的想法，除非你把他們的腦袋砍下來，讓他們無法再表達意見，否則他們就會不停地扯後腿。很多人會質疑謹羊王子手段如此兇殘，手下的官員會支持他嗎？會的，大家出社會在乎的都只是個人利益，誰管你

殺死多少人。歷史上多少獨裁者，屠殺的人數都是幾百萬、幾千萬，有人在乎過嗎？所有官員都很擁護這些獨裁者，根本就沒人在乎老百姓的死活。

很多時候，你家裡沒錢的原因很清楚。就是你老爸好吃懶做、你老媽買一堆無用的健康食品、你老婆買 30 年都用不到的保險、你小孩補習費用花太多、你自己經常出國，這些就是你貧窮的原因，你自己都非常清楚，但你卻不敢去對付這些不知檢點的父母、老婆和小孩。你要有錢，等下輩子吧！

你對付完自己的家人後，會不會被人說閒話呢？「日頭赤炎炎，隨人顧生命。」沒人有興趣知道你家死多少人。別太瞧得起自己，以為你是總統，全台灣的人都在看你嗎？想太多了，這是個笑貧不笑娼的時代，大家只會譏笑你貧窮而已，不會去譏笑你的所作所為。所以大家要先想辦法讓自己有錢起來，只要不犯法，不用去顧慮任何手段，這都是為了讓自己富貴，所必要的犧牲，雙手不沾滿鮮血，要如何成為可惡的英雄呢？「血染惡英雄」才是王道。投資路上，除了家人會成為你的阻礙以外，有時候某些奇特

的思想也會是阻礙，舉幾個例子：

案例1》根據「擦鞋童理論」，股市將會崩盤

小美表示，依據台灣證券交易所統計資料，台股開戶數在 2020 年 10 月底已達 1,112 萬 1,951 戶，2020 年 1 月至 10 月投資開戶數增加 54 萬 9,345 戶，比 2019 年全年的開戶新增數 33 萬 334 戶，多了 21 萬 9,011 戶，這證明了「擦鞋童理論」（當所有人都在討論股票時，特別是當從來都不炒股票的擦鞋童，也在討論股票時，就會崩盤）。因此小美認定，股市將會因為市場過熱，而導致大規模的崩盤。

小美的擦鞋童理論有些問題點，我必須提出來：

問題1》開戶並不表示會交易

依據台灣證券交易所的統計資料來看，雖然 2020 年 10 月投資累計開戶人數創下新高，但當月的實際交易戶數 203 萬 6,773 戶，比 9 月減少 27 萬 494 戶。因此所謂

的市場太過熱絡，並不存在。事實上，10月實際交易戶數是呈現萎縮的狀態。

問題2》擦鞋童理論完全不準

台股的交易戶數是在 2020 年 9 月底創下 230 萬 7,267 人的最高紀錄，2020 年 7 月 28 日台股加權指數還在盤中創下 1 萬 3,031 點的新高紀錄（台股首次突破 1 萬 3,000 點）。

但台股並沒有在 2020 年 9 月崩盤，也沒有在 2020 年 10 月崩盤，事實上，在本書出版前，台股都沒有崩盤，還一直創新高（2020 年 12 月 9 日加權指數最高來到 1 萬 4,427 點）。

按照擦鞋童理論，台股早就該在 2020 年 9 月過後發生崩盤，但完全沒有。一個完全不能預測股市走向的理論，有何價值可言？大概只能拿來讓小美打嘴砲而已。

問題3》散戶過度誇大自己的價值

我們以占台股加權指數 29.6624% 的台積電（2330）

為例，截至 2020 年 11 月 20 日，台積電總股東人數為 54 萬 6,511 人，擁有 1,000 張以上台積電的人，只有 1,496 人，持有股票占總數的比率為 90.05%。其餘持股在 1,000 張以下的人，合計有 54 萬 5,015 人，持有股票占總數的比率為 9.95%（註 1）。

我們可以很清楚地看出來，金字塔最頂端的 1,496 名主力，只占總股東數的 0.2%（＝ 1,496÷54 萬 6,511×100%），徹底掌控了台積電這家公司；剩下的 54 萬 5,015 人，合起來的股票只有這 1,496 名主力的 11.05%（＝ 9.95%÷90.05%）。請問這 54 萬 5,015 人，到底能影響台積電什麼？散戶就算是成群結隊，也不堪主力的輕輕一擊。百萬名擦鞋童聚在一起炒股票，就想導致股市崩盤，真是太瞧得起自己啊！

為啥我們要特別以台積電為例子呢？因為台積電一家公司，就占了台灣股市將近 30% 的市值，所以台積電是台股最具代表性的股票。以後的社會，貧富差距將會愈來愈懸殊，富人對股市和房市的影響力，將會比現在更加強烈；而窮人的財產會愈來愈少，最後對股市和房市的影響力，

將變成「零」。

數百萬名影響力「零」的擦鞋童聚在一起，影響力還是「零」（零 × 任何數字＝零）。希望各位窮人可以認清自己可悲的地位，你無論是買或賣，對股市都沒有任何的影響力，你就算組成一支百萬嘴砲大軍，也沒辦法靠嘴砲，影響到任何 1 檔大型權值股票。窮人唯一能有影響力的股票，大概只剩那些每天成交量不到 100 張的小公司。

問題4》擦鞋童理論太過老舊

擦鞋童理論是 1927 年由約瑟夫‧派屈克‧甘迺迪（Joseph P. Kennedy, Sr.）所提出，距離目前（2021 年），已經有 94 年的歷史。把將近 100 年前提出來的理論，拿出來在現代社會使用，有沒有搞錯啊！你要不要提著一箱的鈔票，拿去證券公司櫃台現場，和賣股票的人直接交易。這樣做股票有可能會被人搶走，也有可能遺失。

註 1：29.6624% 的比率是依據 2020 年 10 月 30 日公布的「台灣證券交易所發行量加權股價指數成分股暨市值比重」資料來看；台積電的股東人數是依據 2020 年 11 月 20 日台灣集中保管結算所的「集保戶股權分散表」資料來看。

覺得我說的話在鬼扯嗎？1927 年，股票就是這樣交易的，你甚至得在股票大廳拚命叫喊，否則沒人知道你要交易股票，多原始落後的年代啊！在這個網路交易股票的年代，提起比你阿公還老舊的歷史，不知道的人，還以為目前是在對日八年抗戰耶！

從前面 4 個問題點也可以看出，小美的擦鞋童理論錯誤百出，完全跟不上時代的進步，小美還是回去 100 年前炒股好了，免得丟人現眼。

我們都知道，公的青蛙會在晚上大聲鳴叫，目的是吸引母青蛙的注意，這樣才能求偶成功。那求偶成功的公青蛙，會大聲鳴叫嗎？不會，公青蛙至少要等到整個交配結束，也就是母青蛙生下蛋蛋之後，才會恢復鳴叫。也就是說，所有鳴叫的公青蛙，統統都沒有在交配；所有在交配的公青蛙，統統都沒有在鳴叫。鳴叫本身就是在證明，自己現在沒人要。人類也是一樣，嘴砲得愈大聲、爭辯得愈激烈，單純證明自己是一個無用之人而已。因此不用去在乎別人的酸言酸語，他們不過是一群廢人的集合罷了，理睬這群廢人會被帶衰的。

案例2》為了避稅，在除息前把所有股票賣掉

　　小雅認為領現金股利要繳所得稅，應該要在公司除息前，把所有股票賣掉，等除完息後再買回來，這樣才能順利避開股利所得稅，也可以賺到價差。

　　這個說法有很嚴重的問題，你怎麼知道除息後，一定能夠把股票買回來呢？搞不好除息後股價漲得更厲害耶！再說，你只要有所得就應該扣稅，為啥要避稅呢？你當真那麼害怕繳稅，就該拿個碗去乞討，反正沒所得就永遠不需要繳稅。

　　在此，以我本人為例，來說明所得稅的問題。我本人所得總額為 239 萬 6,000 元（含股利所得），2019 年現金股利 100 萬元，我本人是申報配偶，由妻子當納稅義務人。全部的股票所得都是歸妻子申報（未成年兒子的股票，申報時是算成妻子的收入），因為我的妻子沒有工作，所以她的稅率是 5%，應納稅額 1 萬 9,200 元；我本身的稅

崩盤照買的股市肥羊心理學

率是 20%，應納稅額為 12 萬 4,500 元。夫妻 2 人總繳納金額為 14 萬 3,700 元，扣掉股利可抵減稅額 8 萬元，實際繳稅金額為 6 萬 3,700 元（＝14 萬 3,700 元－8 萬元）。

如果我個人不炒股票的話，扣除股利所得 100 萬元，所得總額將成為 139 萬 6,000 元。這時應該採取夫妻合併計算最為有利，所得淨額為 59 萬 1,500 元，稅率為 12%，應繳稅金額為 3 萬 3,180 元。

從前面敘述可以知道，我個人因為炒股增加的所得稅為 3 萬 520 元（＝6 萬 3,700 元－3 萬 3,180 元），再加上健保補充保費 1 萬 9,100 元（＝現金股利 100 萬元×1.91%），實際增加的稅收為 4 萬 9,620 元（＝3 萬 520 元＋1 萬 9,100 元），大約只有 100 萬元現金股利的 4.96% 而已。這稅金稱得上平價，我繳得起，只有窮人才會在乎微小價格的變化，而本肥羊根本不在乎。

假設本肥羊因為害怕繳交股利所得稅，在 2019 年 7 月 12 日，把 1,000 張中信金以 21.6 元的價格全部賣

掉，總價值為 2,160 萬元（＝ 21.6 元 × 每張 1,000 股 × 1,000 張）。之後再以 20.6 元的價格，全數買回 1,000 張中信金，總價值為 2,060 萬元（＝ 20.6 元 × 每張 1,000 股 × 1,000 張）。除息前以 21.6 元的價格賣出，除息後再以 20.6 元的價格買回，加上現金股利 1 元，理論上剛好不賺不賠（21.6 元＝ 20.6 元＋ 1 元）。

在此操作下，收取的證交稅為 6 萬 4,800 元（＝ 2,160 萬元 ×0.3%），總交易金額為 4,220 萬元（＝ 2,160 萬元＋ 2,060 萬元），證券商的手續費以 0.1425% 的 3 折計算，手續費為 1 萬 8,040 元（＝ 4,220 萬元 ×0.1425%×30%），證交稅和手續費加起來合計為 8 萬 2,840 元（＝ 6 萬 4,800 元＋ 1 萬 8,040 元）。

從上面的計算我們可以清楚發現，不避繳股利所得稅會損失 4 萬 9,620 元，避繳股利所得稅會損失 8 萬 2,840 元。避稅比不避稅，多損失 3 萬 3,220 元（＝ 8 萬 2,840 元－ 4 萬 9,620 元）。

人到底是要多愚蠢，才會想辦法讓自己去避稅，好讓自

己再損失 3 萬多元？因此在除息前賣掉股票，在除息後買回股票的做法，完全不可行。如果你當真這樣做，單純證明你智商很低，連最基本的加減乘除都不會，回國小重讀吧！別讓國小數學老師，為你哭泣了。

大人真的是只有年紀大而已，腦袋連小學生都不如，完全白活了。認為自己可以在除息前將股票高價賣掉，除息後再低價將股票買回的人，請注意，你這已經是短線投機了！既然是短線投機，你也不需要參與除息，看哪檔股票會漲就去買吧。除息對你而言，完全無任何意義可言！

除非你的所得比本肥羊更高（本肥羊所得總額 239 萬 6,000 元），現金股利比本肥羊更高（本肥羊現金股利 100 萬元），否則勸你不要玩「除息前賣掉股票，除息後將股票買回」的愚蠢行為。你該思考的是，把股票放在收入較低的配偶名下，或者成年的子女名下。

本肥羊的兒子 2020 年就滿 20 歲，我把一半的股票送給他，這樣就能大大減輕繳稅的壓力，善用你的家人，他們可以幫助你有效避稅。如果你和家人感情很差，例如夫

妻失和、孩子不孝，就只好算了，不然還能怎樣呢？別喜歡搞些有的沒的，根本是虧錢生意啊！

案例3》低利率影響銀行獲利，不要投資金融股

　　小真認為低利率會造成銀行獲利降低，因此金融股不適合投資，建議全部賣掉。

　　賣掉金融股是很簡單啦！問題是賣掉金融股後，錢要擺哪裡呢？買進電子股嗎？電子股忽高忽低的，炒電子股比炒金融股更容易賠錢，當然也更容易賺錢。

　　這點我在 2008 年炒華碩（2357）、2011 年炒宏碁（2353）時，就已經深刻感受到電子股的恐怖。

　　當然有人會建議元大台灣 50（0050）這種指數型投資，如果你決定投資 0050 或其他指數型投資，其實也是可以啦！但沒必要因為你投資 0050，就打擊金融股吧？

再說，0050 就真的很穩嗎？1 檔台積電占 48.08% 的基金（依據元大投信 2020 年 9 月 30 日公布的資料），真的就很穩嗎？如果台積電垮了，0050 也會跟著垮。請問這樣子重壓台積電的指數型投資（指 0050），真的會比金融股穩嗎？

如果你真的要穩，你就必須投資美國股市，光投資台灣股市，一點都不穩。但美國股市真的穩嗎？美國股市的平均現金殖利率只有 2% 左右，還要事先扣 30% 的稅率，算算大約只有 1.4% 的現金殖利率；而台灣股市的平均現金殖利率大約是 4%，將近美國股市現金殖利率的 3 倍，所以美國股市會比台灣股市穩嗎？一點也不。

為了追求更高的投資報酬率，你就不能只搞美國股市，你必須搞全球股市。然後全球股市有很多是亂七八糟的，特別是新興市場，俄羅斯、南非、澳洲、巴西等，所以你搞全球股市會比美國股市穩嗎？一點也不。

弄到最後，你必須在世界各國股市中挑選指數基金，還要仔細地分析和比較，才能穩穩地獲利。這樣會比買金融

股省事嗎？一點也不，指數型投資根本超級麻煩。我們之所以想搞金融股，是因為金融股簡單省事，銀行大到不能倒，每年又有穩定的現金股利，放著不動，20 年就可以回本。結果你弄成全球化指數型投資，每天都得看世界各國股市變化，你不嫌累嗎？

雞蛋放在許多不同的籃子，絕對不會比雞蛋放在一個籃子安全。雞蛋放在一個籃子，至少你可以每天細心照顧這一籃雞蛋；雞蛋放在許多不同的籃子，你連雞蛋被踩爛了，都不知道。

你有看過哪家銀行蓋很多金庫的嗎？一家位於雲林縣虎尾鎮的銀行，只會擁有一個金庫而已。沒有哪家銀行會在一個點蓋十幾個金庫的，集中管理才能有效提升安全性。

股市一直都是風險很高的地方。金融股危險，0050 也一樣危險；台灣股市不穩，美國股市也一樣不穩。如果你要求安全、很穩定的投資，建議你買定存就好，而且每個戶頭的存款都不能超過 300 萬元，因為中央存款保險公司，最多只會賠你 300 萬元。

可能很多窮人覺得，他家產全部加起來都沒 300 萬元，沒問題的；但對家產 3,000 萬元以上的有錢人來說，這等於是要開 10 個銀行帳戶，煩都煩死了，把錢放在銀行領那 0.84% 的定存利率，光通貨膨脹就可以把錢吃光了，所以房市和股市才會一直漲啊！因為低利率政策之下，把錢定存在銀行，根本是嚴重虧本，大家只好不斷地拿錢出來炒房和炒股。

我知道你沒錢炒房和炒股，我也沒在討論你們這群窮人，我講的是有錢人。就算銀行股的現金殖利率只剩 4%，也比定存的 0.84% 利率，好了將近 5 倍。低利率或許真的會降低銀行的獲利，但卻會抬高股市的價格，兩邊加減之後，其實低利率對銀行股價沒多大影響。畢竟股價是用錢炒的，不是看銀行的實質獲利。

再說，台灣人炒股，啥時在乎過公司的獲利多少了？以美德醫療 -DR（9103，註 2）為例，從 2019 年 12 月 30 日收盤價 1.11 元，一路飆到 2020 年 9 月 7 日收盤價 71.5 元，股價已暴漲 63.4 倍，許多投資人在這中間瘋狂搶進，認為自己賺了很多錢。然而仔細來看，在台

灣買美德醫療 -DR 未必比在新加坡買在當地掛牌的美德醫
（MTCS）划算。

　　舉例來說，2020 年 9 月 25 日，美德醫在新加坡收牌
價為新加坡幣 1.22 元，換算成新台幣是 26.03 元，但同
一天美德醫療 -DR 在台股的收盤價則是 51.9 元。換句話
說，台灣的投資人必須用將近 1 倍的價格，去買新加坡的
美德醫療股票。

　　在台灣買美德醫療 -DR 除了花費的錢較多以外，金管會
2020 年 9 月 25 日起針對 11 檔狂飆的 DR 股祭出處置措
施，以人工管制撮合終端機執行撮合作業，其中有 6 檔每
60 分鐘撮合 1 次，剩下的 5 檔則是每 20 分鐘撮合 1 次。
此處置讓多檔 DR 股在 25 日當天一早開盤，就摜破跌停板，

崩盤照買的股市肥羊心理學

註 2：「DR」是 Depositary Receipts 的縮寫，中文為「存託憑證」，
　　　由存託銀行簽發，用以表彰外國有價證券之可轉讓憑證，是一種
　　　衍生性金融商品。每一單位 TDR 表彰 1 股當地股票的普通股。
　　　簡單來說，如果外國企業在海外掛牌後，又來台灣申請上市，就
　　　要發行「台灣存託憑證」（TDR），以美德醫療 -DR 為例，美德
　　　醫 1999 年先在新加坡交易所創業板上市，2002 年又以台灣存
　　　託憑證的方式在台灣證券交易所掛牌上市。

交易瞬間冷卻，許多投資人排隊賣股，卻都賣不掉。

　　股市名師如果那麼在意公司基本面怎樣，為何不去放空這些股價暴漲的 DR 股呢？因為金融股獲利衰退，所以建議股票必須賣出，簡直是鬼扯啊！真正的原因其實只是他們看投資金融股的人很多，想打擊金融股而已。

　　股市一大堆獲利衰退、溢價超過 100% 的股票和 DR 股，怎麼沒看過這些股市名師在打擊？沽名釣譽，以仁義道德之名號，行無仁、無義、無道德之作為罷了！仁義道德，天下古今多少的罪惡，假借著你的名義來實行。

　　除了 DR 股以外，還有其他「被誤認」的股票也很扯，例如主要產品 100% 為印刷品的花王（8906），有報紙將它們公司誤列為「防疫概念股」，大家以為花王就是出產醫藥衛生日常用品的「日本花王公司」，股價莫名其妙從 2020 年 1 月 20 日的收盤價 16.4 元，當天成交量 3 張，連續拉出 3 根漲停板，2020 年 2 月 3 日以 21.75 元作收，當天成交量 1,975 張，短線股價漲幅達 32%，成交量放大 600 多倍；之後，花王又連續拉出 3 根跌停板，2020

年 2 月 6 日以 16 元作收，當天成交量 1,391 張。台灣散戶就是這種水準，連公司到底是做什麼的都不知道，只會一個勁地炒短線價差。

「奪朱非正色，異種也稱王？清風不識字，何故亂翻書。」這首五言詩主要是在說，篡奪（明朝）朱氏天下的，並不是漢人啊！外人也配在中原稱王嗎？你們這些清朝人連字都不認識，為何要來亂翻我中原的歷史書籍？

目前批評長期投資的，多半都是些做短線價差的人，他們連最基本的長期投資概念都沒有，是要批評啥呢？就好像很多股市大師都說買 ETF 比買金融股穩當，那請問這些股市大師買了什麼 ETF ？你完全就沒有在買 ETF，也完全沒有做過任何長期投資，你單純就只是一個做短線價差的股市名師而已，外行人說啥內行話。

還有股市大師說長期投資宏達電（2498）都會慘賠了，更何況是長期投資金融股。然而金融股的屬性和電子股並不同，漲跌起伏，獲利衰退也都不一樣，把這 2 種股票混在一起，單純證明這群股市大師無知而已。

金融股最被人詬病的，應該是股價曾經高達 1,975 元（1989 年 6 月 22 日）的國泰人壽（現為國泰金，股票代號 2882）。

　　如果你當年幹了這種蠢事，於 1989 年 6 月 22 日以 1,975 元的價格買進 1 張國泰人壽為例，放到現在（2020 年 11 月 16 日）來看，加計歷年發放的股利後共計 2 萬 7,823 股（含當初買的 1,000 股）和股息（83 萬 5,703 元）之後（詳見表 1），你的成本大約落在 40.95 元（＝（197 萬 5,000 元－83 萬 5,703 元）÷2 萬 7,823 股）。以國泰金 2020 年 11 月 16 日的收盤價 40.95 元來看，你「回本」了！

　　買金融股最多就像國泰人壽這樣子，歷經 31 年的長期投資，終於回本而已。但電子股不一樣啊！今年大賺，明年大賠，後年倒閉。長期投資金融股不過套牢 31 年，零損失；長期投資電子股是直接變成零，血本無歸啊！

　　我不會告訴各位炒作金融股穩賺不賠，這是在鬼扯！但我可以告訴大家，只要銀行不倒，你投入的本金總會有拿

表1　國泰人壽1989～2001年皆有配股、配息

國泰人壽1989年6月22日～2001年股利政策

年度	現金股利（元）	股票股利（元）
1989	不計算	4.5
1990	1.0	5.0
1991	1.0	5.0
1992	1.5	3.0
1993	1.2	2.5
1994	0.0	4.0
1995	1.5	2.0
1996	1.2	1.5
1997	1.5	1.5
1998	2.5	2.0
1999	1.5	1.5
2000	1.5	1.2
2001	1.0	1.0

註：1989年現金股利太早發放，不計算；2002年後的國泰金（2882）資料請自行上網搜尋；感謝國泰客服人員熱情提供資料

回來的一天。不論是10年或20年，頂多像國泰人壽這樣，長期投資31年，最後順利回本了。想靠炒股賺錢，就得先接受虧錢的損失。如果你連最壞情況下的長期投資31年都不願意，建議你退出股市，拿錢去買0.84%的定存。凶險的股市，不適合你這種天真、愛幻想的人。

崩盤照買的股市肥羊心理學

沒有損失，沒有利潤；沒有冒險，一輩子發不了財。寧願只做一個晚上的皇帝，也不願意生生世世當個無用的平凡人。只有敢被砍掉雙手的人，才能勇敢地在大跌時接刀，沒那個膽識就趁早滾吧！

崩盤照買的股市肥羊心理學

Chapter 5

危險篇》股市如戰場
怕死之人難以成就事業

　　狼族正式對水羊城發動全面攻勢，狼族士兵驍勇善戰，
受點小傷根本沒當回事，繼續向前衝。肥羊王命令士兵將
弓箭浸泡聖水（大便和小便的混合液體），即使狼族士兵
被弓箭射出一點小傷，聖水的威力也足以讓這點小傷發炎、
潰爛，然後喪失戰鬥能力。

　　狼族使用衝車撞擊城牆，肥羊王則往衝車丟下黑水（即
原油），再用火箭點燃。狼族從巨大狼型攻城車射出弓箭，
一一擊倒了水羊族士兵；肥羊王則用投石車反擊，以巨石
擊破狼型攻城車。雙方在水羊城的東門，展開激烈決戰。

　　眼看死傷慘重，兵力不足以支援最前線。謹羊王前往西
門，看看能不能找些水羊族士兵支援東門。然後看到大批

水羊族士兵吃著青草,喝著礦泉水,在開下午茶派對。

謹羊王:「我們在東門打到快全滅了,然後你們在這裡泡
　　　　青草茶!」

水羊族將軍:「我們在防守西門,很辛苦的。」

謹羊王:「西門又沒有狼族士兵,是要防守誰呢?」

水羊族將軍:「這就是狼族的誘敵之計,先假裝攻打東門,
　　　　　　把羊族兵力集中過去東門,再趁機從西門
　　　　　　一舉突破,謹羊王千萬不可中了狼族的陷
　　　　　　阱。」

謹羊王:「我只看到一大群士兵在西門摸魚,沒看到什麼
　　　　狼族的陷阱。」

水羊族將軍:「請謹羊王不要隨意否定屬下防守西門的辛
　　　　　　苦。」

謹羊王:「西門士兵留下2,000隻羊就可以了,剩下的8,000
　　　　隻羊給我過去東門。」

水羊族將軍:「謹羊王,這樣西門危險啊!萬一狼族從西
　　　　　　門偷襲怎麼辦?西門若是被攻破,我們水
　　　　　　羊族會全滅的,請謹羊王務必收回命令。」

謹羊王:「東門若是被攻破,水羊族一樣會全滅。」

水羊族將軍：「不如叫肥羊族去東門打仗吧，我看肥羊王挺愛打仗的。我水羊族不是還有 50 萬精銳嗎？讓他們去東門打仗啊！」

謹羊王：「肥羊王才帶 1,000 兵力過來，能做啥？他是負責出意見的。水羊族 50 萬精銳，是連老弱婦孺全部算下去，才 50 萬。浮報一點數字，才能展現我水羊族的強大，誰打仗不吹點牛皮的。真正受過軍事訓練，能打仗的年輕公羊，只有 12 萬。」

水羊族將軍：「打仗不可冒險，一定要萬全準備才行，西門不可撤。」

謹羊王：「不冒險就別學人家打仗，戰場上永遠缺東缺西，一團混亂，這才叫做戰場，這世上哪有準備萬全的戰爭。所有西門羊族士兵聽令，立刻前往東門支援，留下 2,000 隻羊防守西門，抗令者當場斬殺。」

打仗還會有安全的地方嗎？每個地方都會遭到攻擊，哪裡會安全？你如果執著於要讓自己的地盤安全，那麼你就

138

是犧牲了別人的安全。這種寄生蟲的做法，在太平時代還說得過去，但在亂世之中，這種將軍只能拖出去斬首示眾而已。

　　股市就是戰場，不要跟我說，你在股市要怎樣操盤才會安全穩當，那是永遠不可能的。你可以學水羊族將軍一樣，抱怨西門很危險，說公司會倒閉，全世界經濟惡化，不能輕易拿錢去投資，一定要等到局勢穩定下來，才可以買股票，保留現金才是王道。

　　你可以這樣說，沒關係，你說的一點錯誤也沒有，但你已經不適合炒股了。怕死之人，永遠無法在股市成就任何事業。身為肥羊一族，你就應該往敵人炮火最猛烈之處衝刺，「悍不畏死」，這是肥羊一族和其他股市流派最大的差別。

　　小美認為外資決定了股價漲跌，散戶永遠無法與外資為敵。因此外資在賣股票的時候，我們不可以去買股票，一定要等外資賣完股票後，才可以買股票。最好是外資賣股

票，我們就賣股票；外資買股票，我們就買股票，跟著外資跑就對了。

　　小美的論點有個很奇怪的地方，為什麼散戶無法與外資為敵呢？可能其他流派都只想跟著主力跑而已，但我們肥羊派最愛跟主力作對。我從 1999 年到現在，這 21 年來，逆著外資炒股一樣大賺特賺啊！小美每天跟著主力跑，賺的有比肥羊多嗎？

　　這麼多年來，本肥羊一直不斷地告訴自己：「我是主力，我就是專門在坑殺主力的主力。」雖然這個夢想目前只有完成一半而已，坑殺主力的夢想，還遙遙無期！但至少證明「逆著主力做股票」一樣能賺到錢。

　　剛剛我們是反駁小美「跟著外資跑」的理論錯誤。再來，我們假設小美「跟著外資跑」的理論正確，我們炒股無論如何都跟著外資做就對了。我們以中信金（2891）為例，依據 Goodinfo! 台灣股市資訊網的資料：2020 年 9 月24 日這一天，外資賣超 4 萬 469 張。很嚇人的數量，對

吧？我特地挑選了外資賣超量非常大的一天；然後我們再看一下外資在 2020 年 9 月 24 日這一天，持有的股票總數為 684 萬 4,717 張，外資賣掉的股票，占其總持有股票的 0.59%。

既然小美鼓勵大家跟著外資跑，假設小美擁有 20 張中信金，那麼小美應該只賣掉 118 股中信金（20 張 ×0.59%＝ 0.118 張，即 118 股，此處為零股交易）而已，但小美卻是教人賣掉所有的中信金股票。這樣的說法，對嗎？外資只賣掉 0.59% 的股票，小美卻賣掉 100% 的股票，比例足足放大了 168 倍，這樣算是跟著外資跑嗎？

小美向外資學習炒股票，但外資教導的，小美完全沒有在聽。到底小美是跟著外資炒股票？還是跟著自己的幻想炒股呢？外資很可憐啊！沒事被小美拿出來當擋箭牌。股神華倫・巴菲特（Warren Buffett）更可憐！外面一堆人喊他是老師，明明巴菲特就沒收過這群人當學生。

我以前和一個人討論事情的時候，她突然說起中國清朝後期政治家林則徐的名言：「子孫若如我，留錢做什麼？

賢而多財，則損其志;子孫不如我，留錢做什麼？愚而多財，益增其過。」這句話的大意是說，後代子孫如果像我一樣能幹，留錢給他們做什麼？有能力的人如果錢太多，就會損害他的志向；後代子孫如果能力不如我，留錢給他們做什麼？愚笨的人如果錢太多，只會增加他的過錯。不過，他說這句話真正的用意並不是想要學習林則徐，而是用林則徐的話來罵本肥羊，滿腦子只想賺一大堆，根本花不完的遺產。

從前面幾個例子可以知道，無論是外資也好、巴菲特也罷，就算是林則徐，這些只不過是拿來對罵的工具。根本沒人在乎外資、巴菲特和林則徐到底在說啥，一切全部都是散戶的嘴砲而已。

小美在自己的粉絲團，推薦元大 S&P 原油正 2（已下市），告訴大家：「只要買了石油基金，以後開車加石油都不用錢，因為可以用石油基金賺的錢來加石油。誰從我手上賺走鈔票，我就從這家公司賺回來。」所有粉絲聽了，都覺得很有道理，紛紛買進元大 S&P 原油正 2。

　　某位粉絲跟小美討交易紀錄，小美表示：「如果你要看我的裸體，難道我還得把衣服脫光光讓你看嗎？交易紀錄是個人隱私，不能讓你看。」

　　2020 年 3 月，元大 S&P 原油正 2 大崩潰，粉絲紛紛譴責小美害他們賠錢。小美說：「你炒股賺錢會分給我花嗎？賠錢時倒是知道跑來找我算帳。買賣股票是個人行為，賺錢算你厲害，賠錢跟我沒關係，我只是分享個人投資經驗而已，不帶進帶出的。最重要的是，我根本沒買元大 S&P 原油正 2，我只是推薦元大 S&P 原油正 2 而已，沒說我自己要買。」

　　小美推薦元大 S&P 原油正 2，自己卻沒有買，那這個推薦是什麼意思？出張嘴巴推薦嗎？我們當然了解炒股票有一定的風險，就好像元大 S&P 原油正 2 在 2020 年 11 月 13 日正式宣布下市，這不是小美的錯，而是元大投信的錯。

　　但小美推薦元大 S&P 原油正 2，自己卻不買，這不就表示小美根本不看好元大 S&P 原油正 2 嗎？自己不看好，卻

叫別人去購買，這就是傳說中的「詛咒給別人死啊！」

　　粉絲之所以會跟小美討交易紀錄，也是為了看看小美是真的自己有買，還是嘴砲推薦。畢竟要死大家一起死，如果小美願意陪著粉絲一起去死，就人情義理來說，也沒什麼好抱怨的。但小美直接拒絕交出交易紀錄，原因很簡單，小美根本沒買元大 S&P 原油正 2，哪來的交易紀錄？一掏出股票存摺來，不就當場穿幫了。小美拒絕交出交易紀錄的做法，非常合情合理，畢竟騙子不可能有交易紀錄。

　　真正詭異的是這群粉絲，他們完全沒看到小美的交易紀錄，就相信小美的推薦，紛紛跑去買元大 S&P 原油正 2。請問他們到底是相信啥？相信小美的幻想嗎？這群粉絲真正相信的，不是小美的推薦，而是小美提出來的口號，「開車加石油不用錢，用石油 ETF 賺的錢來加石油。」小美勾畫的夢想太過美好了，這群粉絲才會紛紛跑去購買元大 S&P 原油正 2。

　　如果你身為一位股市名師，你想要靠賣訂閱文章賺很多錢，你就必須提出一個動聽的口號：「投資報酬率 500 倍」

「用 60 萬元賺 1 億元」「炒外匯每天賺 3 萬元」。你必須讓粉絲們知道，只要跟隨你，就可以輕鬆發大財，這樣信徒才會蜂擁而來，你才能靠賣訂閱文章賺大錢。至於這群粉絲到底有沒有賺到錢？誰理他啊！我股市名師賺得到錢就好了。

賭博是股市中最危險的存在

在股市裡面真正最危險的，絕對不是購買金融股，而是賭博。炒股的人，有一半以上都在賭博，他們根本不知道自己買的是啥，就直接買了，也不會懷疑股市名師推薦的股票。公司基本面的好壞，不重要；股市名師有沒有交易紀錄，也沒關係，反正他們就是在賭博，只要能夠一直不停地賭下去，他們就很開心了。對他們而言，證券交易所就是政府開的合法賭場。

這群賭徒的心態非常危險，但從來沒有任何股市名師批評過他們，因為不敢得罪這群好賭成性的客戶。事實上，這群賭徒往往是股市名師訂閱文章的最主要客戶，沒有哪位股市名師會去得罪客人，除非他跟本肥羊一樣腦袋有洞。

股市名師只會去批評買金融股危險，這樣非但不會得罪自己的客戶，還可以把買金融股的人洗腦過來，訂閱自己的文章。對於散戶非常危險的賭博心態，卻直接裝作沒看到，這就是所謂的「選擇性批評」，有膽識批評買金融股的人，沒膽識批評自己的粉絲根本是在賭博。

不只如此，這群股市名師還一直在鼓勵自己的粉絲賭博，勇敢地借錢賭下去，就可以財務自由，一輩子不用工作了。這群賭徒散戶和騙子股市名師，才是股市最危險的組合。

我們繼續來看元大 S&P 原油正 2，它在 2020 年 1 月 6 日收盤價 18.94 元，2020 年 9 月 30 日收盤價 0.74 元。9 個月的時間內股價下跌 96%（＝（0.74 元－18.94 元）÷18.94 元 ×100%）。之後，元大 S&P 原油正 2 在 2020 年 11 月 13 日下市，稱得上 2020 年最轟動的事件之一。

石油不是民生必需品嗎？人們每一天出門都會用到石油，為何會跌到如此悽慘呢？因為元大 S&P 原油正 2 交易的商品不是石油，是石油期貨，而且還是槓桿型期貨。白話來

說，就是任何石油期貨的虧損，元大 S&P 原油正 2 都會以
「倍數」來計算。

如果你今天買的是石油，價格不理想，你頂多把油輪停
在港口，反正不賣就沒損失，我跟它耗到天長地久，誰怕
誰。但石油期貨是不能放到天長地久的，「近月石油期貨」，
每個月都會結算一次，不管你打算怎麼長期投資近月石油
期貨，你最多就只能放 1 個月的近月石油期貨而已。不過，
元大投信後來將近月石油期貨轉為「遠月石油期貨」，這
一招有效延長了 ETF 的壽命。否則元大 S&P 原油正 2 早在
2020 年 4 月就已經因為淨值轉為負數，而宣布破產下市。
因此很多投資人都幹譙元大投信不會操作石油期貨，這完
全是錯誤的觀念。

如果元大投信當真不會操作石油期貨，那麼在 2020 年
4 月當元大 S&P 原油正 2 淨值降為負數時，該檔 ETF 早就
倒閉了，金管會都無法阻止破產的 ETF 下市。所以投資人
應該感謝元大投信正確的操作石油期貨方式，從近月石油
期貨改為遠月石油期貨，讓元大 S&P 原油正 2，多延長了
半年左右的壽命。

槓桿及反向ETF為短期交易商品，不宜長期持有

元大證券在 2020 年 3 月 19 日盤後大量買進元大 S&P 原油正 2，共 12 萬 8,787 張，收盤價 1.61 元。然後在 2020 年 3 月 20 日大量賣出 11 萬 5,294 張，收盤價 2.98 元。

元大證券在這 2 天的買賣中，獲利新台幣 1 億多元左右。外界質疑，元大證券有內線交易、套取獲利的行為。懷疑是金管會主委，在 2020 年 3 月 19 日宣布元大 S&P 原油正 2 不用下市的新聞，提前曝光。

其實很多人搞不懂一件事情，金管會主委在 2020 年 3 月 19 日 12 點 36 分，立法院財委會公聽會散會，就已經表示打算放寬元大 S&P 原油正 2 下市門檻，暫緩清算。這時距離 2020 年 3 月 19 日 13 點 30 分的收盤時間，還有 54 分鐘。散戶可以在這 54 分鐘大舉買進元大 S&P 原油正 2，然後散戶沒買，又說自己不知道這則新聞。你搞短線投機，不盯盤、不看新聞，然後跟我說你想賺錢，你

不覺得自己的幻想太過嚴重嗎？

　　短線投機者必須時時刻刻盯著盤看，追著新聞跑，只有長期投資者才可以 10 年不看盤都沒差。2020 年 3 月 19 日 15 點 17 分金管會放寬規定，期貨信託基金的下市門檻，淨資產價值累積跌幅的認定標準從「最近 3 個營業日」，放寬為「最近 30 個營業日」，這印證了金管會主委「暫緩下市」的說法。公家機構所謂的開會討論，全部都是表面文章，一切都是看長官裁示。既然長官在 12 點 36 分就打算暫緩下市，那就是暫緩下市，剩下的不過是跑完整個流程而已。

　　散戶竟然連公家機構「長官代表一切」的習性都不知道，這無知程度也是非常嚴重。元大證券後來表示證券商本來就有權力，在股價出現大幅波動時買進或賣出，一切合法。本次「319 石油案件」，經金管會調查後，並無不法，只能怪散戶反應太慢，不但不看盤，也不盯著新聞。

　　搞短線投機，手腳卻完全麻掉，遲鈍到像得了糖尿病，一切都是自作自受，怨不得人。元大 S&P 原油正 2 為台灣

首檔原油期貨槓桿 ETF，而原油槓桿 ETF 和原油反向 ETF 均為短期交易型產品，不適宜長期持有，民眾應該要以短線投機交易為主，結果幾乎都玩成長期投資了。

2020 年 3 月，國際油價重挫，國內原油 ETF 規模最大的元大 S&P 石油正 2 在 2020 年 3 月 18 日淨值跌破 2 元，2020 年 5 月 6 日淨值更來到 0.61 元，與當天的收盤價 3 元相比，溢價幅度來到 391.8%。

假設投資人在 2020 年 5 月 6 日用收盤價 3 元的價格買進元大 S&P 原油正 2，合理推測，未來元大 S&P 石油正 2 的淨值必須上漲 400% 以上，投資人才有可能「回本」。

請問一下，元大 S&P 石油正 2 的淨值後來上漲 400% 了嗎？根本沒有，反而是在 2020 年 11 月 13 日正式宣布下市。那麼這群以溢價 391.8% 的價格購買元大 S&P 石油正 2 的散戶，腦袋在想啥呢？1 檔即將倒閉的 ETF，光靠炒作股價，是無法阻止這檔 ETF 下市的。

　　台灣人喜歡買虧損的公司，是世界有名的。以亞洲藏壽司（2754）為例，2020 年上半年稅後盈餘虧損 1,525 萬元，每股盈餘（EPS）虧損 0.4 元；股價在 2020 年 9 月 17 日收盤價為 108 元，在 2020 年 9 月 30 日收盤價為 74.7 元，不到 2 週時間，股價下跌 33.3 元（＝74.7 元－108 元），跌幅達 30.83%（＝（74.7 元÷108 元 -1）×100%）。

　　亞洲藏壽司釋出的抽籤數量是 1,579 張，2020 年 9 月 17 日的成交量是 5,672 張，比釋出的抽籤數量還多出 4,093 張（＝5,672 張－1,579 張）。這 4,000 多張誰賣的？就是那些在興櫃就買亞洲藏壽司的人，沒有人在長期投資亞洲藏壽司，大家都是買完立刻跑。53 萬 8,000 人跑去抽籤，中籤率只有 0.29%，股票上市第一天就賣光光，第一天跑去買股票的人，全數套牢，這就是台灣獨有的抽籤亂象，沒人想買的股票，卻人人都跑去抽籤，真是台灣股市之光。

　　我不知道這種虧損的公司，以後要怎麼靠長期投資來回本？只能指望主力來炒作股價。但主力會理你嗎？主力會

幫你把股價炒上去，好讓買在 108 元的人順利解套，賣掉股票嗎？你當主力是傻子啊！元大 S&P 石油正 2 最後也不過是倒閉下市而已，以 108 元價格買亞洲藏壽司的人，虧損將會是你未來的命運。

只有賺錢的公司才能夠長期投資，賠錢的公司永遠不適合長期投資。長期投資賠錢的公司，那叫做「長期套牢」，別把「長期投資」和「長期套牢」搞混了。

截至 2020 年 2 月底止，元大 S&P 原油正 2 之受益人數為 7 萬 748 人，與此同時，台灣股市實際交易數為 180 萬 4,410 人。由此可以計算出，台灣共有 3.92%（＝ 7 萬 748 人÷180 萬 4,410 人×100%）的散戶受到元大 S&P 原油正 2 的影響。

上述這段話證明了台灣炒股的人之中，至少有 3.92% 的散戶完全不會炒股。這還只是單就元大 S&P 原油正 2 這檔 ETF 來計算而已，如果把歷年出現過問題的公司計算下去

（例如康友-KY（6452，2020年8月18日停止買賣）和DR股），估計台灣不會炒股的散戶，比率至少超過一半。

我常告誡粉絲，永遠不要想著在股市中賺到錢，而應該思考自己是不是股市的待宰肥羊（這就是「股市肥羊」名字的由來）。如果你只是一隻待宰的肥羊，那麼你該思考的是，如何不讓自己被宰，而不是炒股賺到錢。遺憾的是，無數的股市肥羊，認為自己非常厲害，紛紛地衝進股市送死，這實在是大不可取。羊就該像隻羊，努力地種草、吃草，炒股賺錢這種偉大的理想，實在是跟羊無關啊！

如果要問2020年10月最轟動的新聞是啥？首推美國總統唐納・川普（Donald Trump）得了新冠肺炎（COVID-19）。所有新聞都在報導，如果川普死了怎麼辦？還有新聞寫川普呼吸困難，要配戴呼吸器。醫學專家認為，川普使用皮質類固醇「地塞米松」（Dexamethasone）治療，這證明川普已是新冠肺炎重症病患。

請問這些新聞是真的嗎？新冠肺炎的死亡率是2.97%（根據2020年10月3日衛福部疾管署公布的資料，

崩盤照買的股市肥羊心理學

153

全球染病人數 3,449 萬 1,000 人，死亡人數 102 萬 6,000 人計算，102 萬 6,000 人÷3,449 萬 1,000 人×100% = 2.97%）。也就是說，川普死亡的機率只有 3% 左右，有 97% 的機率根本不會死。然後我們的新聞是怎麼樣呢？每篇文章都在誘導你相信川普會死亡，美國將陷入政治大混亂。

97% 的可能性不去提，拚命提那只有不到 3% 的可能性，你說新聞寫的是事實嗎？是事實啊！「選擇性的事實」，選擇性惟恐天下不亂的事實，這就是台灣新聞的本質。拚命製造恐懼和混亂，希望各位每天都能過著擔心害怕的日子。最後的結果呢？川普住院 3 天就出院，根本沒死，至少在本書完稿的時候，川普還是活蹦亂跳地在打他的選舉官司。

中國軍機繞著台灣飛行也是一樣，每篇報導都說海峽兩岸要爆發戰爭，結果呢？在本書完稿時，台灣和中國也沒有打起來啊！這群記者寫的新聞，沒有任何一篇是可以相信的。看著新聞炒股票，注定一輩子賠錢，新聞永遠要反過來看，這樣才能接近事實的真相。

「君王城上豎降旗，妾在深宮哪得知。十四萬人齊解甲，更無一個是男兒！」白話翻譯是，成都的城牆上，到處都插滿了投降的白旗，我住在皇宮深處，哪裡能夠知道這些事情。14 萬大軍脫下鎧甲一起投降，連一個夠資格稱為男人的都沒有。這是後蜀花蕊夫人，寫給宋太祖趙匡胤的亡國之詩，可以看出花蕊夫人對 14 萬大軍直接投降的做法，極為憤怒，罵他們根本不是男人。

那請問 14 萬大軍為啥要為花蕊夫人賣命呢？花蕊夫人為 14 萬大軍又做了啥呢？其實花蕊夫人做了啥，從她自己寫的詩，就可以看出來。「妾在深宮哪得知」就表示花蕊夫人對 14 萬大軍一無所知，自然也不可能對他們做過什麼讓人感恩的事情。對別人毫無作為，卻要求別人以死回報，這就是花蕊夫人的心態，真是對得起天地良心啊！

我們在炒股的時候，最常看到賠錢者大罵政府無能、主力坑殺。就如同元大 S&P 原油正 2 的 7 萬多名投資者一樣，跑去金管會抗議：「元大投信不會炒石油期貨，主力內線交易，金管會為何 2020 年 3 月不讓元大 S&P 原油正 2 倒閉？」

崩盤照買的股市肥羊心理學

聽起來好像抗議得非常有理，但為何他們搞短線投機，卻不盯著盤看，不注意新聞？為何元大 S&P 原油正 2 都已經溢價將近 400%，他們還繼續買股票？為何 1 檔價格跌到只剩 4% 的 ETF（2020 年 1 月 6 日收盤價 18.94 元，2020 年 9 月 30 日收盤價 0.74 元，9 個月的時間內股價下跌 96%），他們還相信自己能夠回本，賺回消失的 96%？他們知道要達到這樣的績效，必須得獲利 20 幾倍嗎？根本是不可能的任務。為何他們都宣稱元大投信不會炒石油期貨了，還是堅持要元大投信繼續炒元大 S&P 原油正 2，不願意讓元大 S&P 原油正 2 下市？

這就像女人大罵男朋友是笨蛋，卻哭著要求笨蛋男朋友不能分手，到底誰才是真正的笨蛋？笨蛋男朋友？還是笨蛋女人？元大投信不會炒股？或是投資人不會炒股？真正的笨蛋就是這 7 萬多名散戶。無論是花蕊夫人，還是元大 S&P 原油正 2 的投資人，他們只是一味地要求別人，卻從來沒有要求過自己。

無論這 1,000 多年來，人事物改變了多少，人類的本性永遠都不會改變。心理學才是炒股者最該研讀的書籍，股

市兵法不過是微末之道而已。股市兵法天天都在變，唯有股市心理學永遠不會變，因此投資者應該先從股市心理學讀起，這是一切股市學問的最根本。

很多人都說短線投機好賺、長期投資難賺，但短線投機真的好賺嗎？謠傳某位操盤手，在 2020 年 3 月 19 日當天買進某檔 ETF（現已下市），第 2 天賣出，短短 2 天時間之內，獲利 1 億多元，投資報酬率高達 85%。這種短線投機撈錢的水準，別說長期投資的 5% 現金殖利率追不上，連股神巴菲特都得跪下去拜師了。

想知道這位偉大的操盤手是誰嗎？這檔已下市的 ETF 是啥嗎？自己去猜，這 2 個問題的答案不公布。但有腦袋的粉絲，應該都能猜出來，猜不出來，就證明你沒腦袋，你這輩子只配玩長期投資，根本沒資格搞短線投機。

散戶什麼都不看、什麼都不聽、什麼都不想、什麼都不做，卻每天幻想自己能靠短線投機賺到大錢。想在 2 天之內賺到 85% 嗎？我看你只有在半年內賠掉 96% 的水準而已，一群不自量力的待宰股市肥羊啊！

崩盤照買的股市肥羊心理學

Chapter 6

幻想篇》選擇長期投資
才能掌握99%的賺錢機率

　　謹羊王與狼族打仗多日，都是依仗著水羊城的堅固，進行防守。許多水羊族將軍指責這種戰術太過膽小無能，應該要出城決戰，才能獲取真正的勝利。

　　謹羊王讓水羊族將軍們踴躍發言，並且記錄下這些將軍的名字，然後讓這群水羊族將軍出城與狼族決戰，結果瞬間全滅，統統都被抓去北方牧場，當成畜牲飼養了。

肥羊王：「謹羊王，你明明知道這群水羊族將軍不會打仗，
　　　　　為何還讓他們去送死？」
謹羊王：「缺糧食啊！跟狼族長時間交戰，糧食欠缺得很。
　　　　　剛好有羊志願送死，我當然讓他們去死一死囉！
　　　　　多虧這群志願者的犧牲，有效減輕了水羊城的

糧食消耗，又可以再支撐一陣子了。」

　　很多人問我炒股可以賺多少錢？買股票會不會漲？我都
會跟他們說：「買股票會賠錢。」然後這群粉絲就走了，
包含我現實生活的好朋友大雅（小雅的哥哥），也走了。

　　坦白說，我沒辦法理解這群人的思想，就算是大雅的思
想，我也無法理解。炒股到底為啥要賺錢？炒股賠錢不可
以嗎？這些人的思想實在很詭異，我沒辦法和他們溝通。

　　我有注意看過，我送大雅的書籍，他就這樣放在書櫃上，
整本書白白淨淨的，連一點摺痕都沒有，看來書本保養得
很不錯，肯定是完全沒讀過。所以我沒再送過他第 2 本書，
把書拿去資源回收還能賺 2 元，送給大雅擺書櫃，根本是
浪費。

大雅：「中信金（2891）現在股價 21 元，可不可以買？」
肥羊：「可以買，但會賠錢。」

崩盤照買的股市肥羊心理學

大雅：「投資是私人行為，我炒股賠錢絕對與你無關。」

　　然後大雅就在中信金 21 元時買 20 張，以中信金 2020 年
10 月 6 日收盤價 18.45 元計算，加計現金股利 1 元，中信
金下跌 1.55 元（＝ 18.45 元－ 21 元＋ 1 元），他應該虧損
3 萬 1,000 元（＝ -1.55 元×每張 1,000 股× 20 張）。

　　看大雅最近都不太跟我講話，我想他應該是很不爽，下
次去他家搜搜看，也許會找到寫著我姓名的稻草人，釘在
牆壁上。畢竟他沒讀過肥羊寫的書籍，所以他不知道我說
的炒股會賠錢，是真的會賠錢，他以為我只是害怕麻煩，
才講客氣話。沒讀過肥羊書籍的人，真的是非常難以溝通，
即使他是我好朋友，雙方也存在著嚴重的代溝。

　　請各位再次複習我們的臉書（Facebook）社團名稱「股
市肥羊」，這名字就清楚地告訴你：「本人炒股的功力，
就像股市中等待宰殺的肥羊一樣，單純送頭的啦！」看到
肥羊這個名字，還會覺得本人很會炒股，你的腦袋肯定應
該切開來檢查一下，看看是不是有血塊去壓迫到大腦額葉，

才會害你產生如此嚴重的幻覺？

我如果要炫耀自己炒股很厲害，我可以取名叫做「股市惡狼」「瘋狂印鈔機」「炒股無敵」，我何苦取個「股市肥羊」，用這種爛名字來貶低自己呢？就是因為我不擅長短線炒股啊！

只要公司不倒，長期持有仍能回本

書中所有的概念，都是以長期投資為基本原則，所構思出來的各種股市送死戰術，也就是說，這些戰術的設計，就是準備要賠錢的。像我們在 Chapter 1 所推薦的股票買進價格，就是認為這個價格在長期投資 20 年後，應該有99% 的機率不會賠錢。如果你剛好遇到那賠錢的 1%，就算你衰囉，不然要怎麼講咧？

因此本肥羊向大雅推薦的中信金買進價格 21 元，是真的買了會賠錢的股票價格。但大雅不懂，他以為 21 元是買了會賺錢的價格，「買了會賠錢」只是本肥羊的客氣話。誰在跟你客氣啊！自己聽不懂人話，怎麼能怪我呢？股票

買了會賠錢，都講這麼清楚了，他還可以誤解成會賺錢，我這位好朋友的思想，也是很有問題。

一定要無數次解釋清楚的觀念就是，「本肥羊完全不知道，股票之後會上漲？還是下跌？」這觀念一定要無數次強調，否則都被問煩了。由於不知道股票之後會上漲？還是下跌？「本肥羊也完全不知道，股票買了會賺錢？還是賠錢？」但本肥羊認為只要公司不倒閉，長期投資 20 年後，應該就可以回本。

所以我才一再研究國泰金（2882）的例子，就是要告訴各位，即使你蠢到在 1989 年，買進 1,975 元的國泰人壽（現為國泰金），長期投資 31 年後，你也沒有損失（以 2020 年 11 月 16 日收盤價 40.95 元計算，詳見 Chapter 4）。當然如果你連長期投資 31 年都不願意，建議你去找其他的股市名師學習，本肥羊沒有能力教導你這麼優秀的學生。

我相信各位粉絲沒有蠢到用 1,975 元的價格去購買國泰人壽，我們所推薦的股票價格也非常合理，每年現金股

利殖利率也有 5% 左右，因此我們長期投資 20 年，是不太可能賠錢的。我個人認為長期投資 20 年的賺錢機率是 99%，保留 1% 可能性，以示謙虛，在這個地方，我們講的是單純把股票放著不動，你長期投資 20 年後賺錢的機率為 99%。如果你投資 2 個月後，賺錢的機率是多少呢？去丟銅板吧！我怎麼會知道。

當然很多人會質疑，光是長期投資 20 年會賺錢有什麼用？還得去考慮 20 年的通貨膨脹，以 1 年通貨膨脹 2% 來計算，20 年通貨膨脹為 48.6%，炒股獲利至少得超過 48.6%，否則無法打敗通貨膨脹。這個問題的答案一樣非常簡單，請你去找其他的股市名師學習，本肥羊沒有能力教導你這麼優秀的學生。

本肥羊沒有把握可以打敗通貨膨脹，本肥羊只有 99% 的把握，認為買中信金 20 年後不會賠錢而已。請記住這不是 100% 的把握，也就是説，本肥羊有 1% 的把握認為，你長期投資 20 年後，還是會賠錢。若你可以接受這個 20 年的論調，我們再來繼續談，不能接受的話，大家散會，別浪費彼此時間。

剛剛我們討論的是，股票擺著不動。以大雅為例：第 1 年中信金成本 21 元；第 2 年領完現金股利 1 元，成本 20 元；第 3 年領完現金股利 1 元，成本 19 元；第 4 年領完現金股利 1 元，成本 18 元……；第 21 年領完現金股利 1 元，成本 0 元。我們可以看到大雅只要努力長期投資 21 年，就會賺錢了。

　　當然，很多人會吐槽，萬一中信金虧損呢？書上寫得很清楚：「第一年虧損不要緊張，甚至可以考慮買進；連續第 2 年虧損，才需要考慮賣掉。」如果公司 1 年賺，1 年賠呢？好問題，如果中信金在連續 5 年內，有 2 年賠錢，我會建議你乾脆就賣掉中信金算了。

　　如果中信金的現金股利縮水為 0.5 元，你就是努力投資 42 年；現金股利縮水為 0.25 元，你就是努力投資 84 年，以此類推，不再進行額外的計算。所以挑不容易倒閉的公司很重要，公司不倒，你才有機會回本。好在目前金融股投資最久的例子，就是國泰金的 31 年，因此各位只要努力活 31 年，就應該可以順利回本。活不到 31 年，就算你短命啊！你該煩惱的不是炒股賠錢，而是你的喪禮和遺產。

依照上面的股票模式推算，真正決定大雅長期投資賺錢的關鍵，在於中信金能否保持盈餘，繼續發放現金股利，而不在於你買股票的第一年股價是上漲？或是下跌？你的賺賠，完全交由公司的管理經營來決定，你本身沒有能力決定，這就是長期投資。你買的是這家公司，而不是股票的漲跌，所以你挑選的這家公司，必須夠穩，獲利不能起起伏伏，現金殖利率也不能太低，只要符合這些原則，長期投資 99% 都會賺錢。但你無法知道以後的事情，一切都是用「猜」的。

你只能每年稍微計算一下，這家公司是否還值得繼續投資？要繼續買進？賣出？還是放著不動？由於本肥羊對賣股票的條件抓得很嚴格，所以你通常只會得到買進或放著不動的答案而已，不太可能得到賣出的答案。本肥羊炒股不是經由一次的買賣，來決定賺錢或賠錢；而是經由多次的買賣，來決定賺錢或賠錢。這就是「肥羊派波浪理論」，有買，也有賣。

當然如果你對中信金很有信心，想要只買不賣，也可以。我目前從股市退休後，我兒子的炒股方式，就是只買不賣

而已。他認為這樣搞比較省事，本肥羊尊重年輕人的意見，畢竟我從股市退休了。

機會成本不適用於股市

大雅認為，如果你在 2020 年 3 月購買的是中信金，你就損失了購買台積電（2330）的機會，將會錯失高達 84.7% 的利潤（以台積電 2020 年 3 月 19 日收盤價 248 元，2020 年 10 月 8 日收盤價 453 元，且中間經歷 2 次除息，每次配發現金股利 2.5 元，總計配發現金股利 5 元計算，453 元 − 248 元 ＋ 5 元 ＝ 210 元，210 元 ÷ 248 元 ×100% ＝ 84.7%）。因此買中信金是不對的，你會因此失去購買台積電的機會，這就是「機會成本」的損失。

小蝶：「那大雅，你現在手上有幾張台積電？」

大雅：「1 張。」

小蝶：「賺了多少％？」

大雅：「39.4%。」

小蝶：「這不對啊！你不是說買台積電可以賺 84.7%，為

　　啥只剩 39.4% ？」

大雅：「我是在 2020 年 2 月時買進的，成本墊高了一些。」

小蝶：「那你為啥 3 月崩盤時不買？」

大雅：「因為我怕台積電股價繼續跌下去。」

小蝶：「那你也損失了台積電 84.7% 的漲幅，這就是『機會成本』的損失。」

大雅：「人又不能預知未來。」

小蝶：「那你現在購買台積電也行啊，反正有 84.7% 的漲幅。」

大雅：「那是台積電過去有 84.7% 的漲幅，以後未必有 84.7% 的漲幅。」

小蝶：「你過去崩盤時不敢買台積電，現在也不敢買台積電，肯定未來也不敢買台積電。你徹徹底底損失了購買台積電的機會，每天發呆看戲，什麼事情都不做，這才是真正『機會成本』的損失啊！」

　　如果要問股市最爆笑的專業術語，肯定就是「機會成本」了。這原本是經濟學的用語，比如說一個人在資本有限的狀況之下，必須選擇養豬或養雞，他最後選擇了養豬，這

樣就失去養雞的機會，這就是機會成本的損失，因為養豬要設備，養雞也要設備，你當然不可能同時養雞和養豬，除非你錢太多。機會成本的概念套用在商業上是可行的，但套用在股市上就很可笑了。

剛才我們知道在資本有限的情況下，若選擇養豬，就無法同時養雞。那在資本有限的情況下，買中信金可以同時買台積電嗎？答案是可以的，你先購買 300 萬元的中信金，再用這些股票，向銀行貸款 180 萬元（股票價值的60%，利率 2% 左右），因此買中信金，同時買台積電，這是可以做到的。如果說你因為買中信金，所以沒錢買台積電，這簡直是鬼扯。

再來，大雅為何只有 1 張台積電？以大雅的身價來計算，他的家產大約有 300 萬元，所有股票湊一湊，價值還不到100 萬元，然後大雅把 200 多萬元的現金放在銀行定存。如果真要算機會成本，應該是大雅為了買 200 多萬元的定存，而失去購買台積電的機會，與購買中信金何干？

台灣股市光是上市公司就有 944 家（2020 年 11 月底

的資料），上櫃、興櫃、台灣存託憑證（TDR）、ETF、基金、期貨，以上這些我都還沒計算下去，台灣股市有太多機會了。更別提大部分的機會，還可以分為做多和放空 2 種，算一算都高達幾千個機會。

你說因為你買中信金，而損失了買台積電的機會；你怎麼不說，因為你買中信金，而損失了買康友 -KY（6452，2020 年 8 月 18 日停止買賣）的機會。因為買中信金救了你，避免你買到停止買賣的康友 -KY，大大地賠錢。在擁有數千個機會的台灣股市中，說你損失了哪檔股票的機會，就像說你因為工作太忙，而損失了中樂透的機會一樣，根本是個大笑話。

總結一下，機會成本之所以不能應用在股市：

原因 1》你買了中信金，還是可以用股票貸款買台積電，並不會損失任何機會，自然沒有「機會成本」的損失。

原因 2》台灣大多數散戶最喜歡的投資就是定存，持股比率到達 100% 左右的人非常少。真正吃掉機會成本的投

資是定存，而不是中信金。

原因 3》台灣股市有數千個機會，但「太多機會＝沒機會」，硬要在數千個機會裡面，計算機會成本，就像看著樂透算明牌一樣，根本是鬼扯。

通常對於這些喜歡賣弄專業術語的股票大師，本肥羊一向是很不屑的。一位優秀的股市名師，就是要把很複雜專業的股市用語，講解到普通人都能夠聽得懂，最好是讓小學 6 年級生也能懂，怎麼會是故意去搬一些很複雜的專業術語，來糊弄粉絲呢？因此遇到有人說什麼專業術語的時候，我一律回答：「本肥羊沒讀什麼書，聽不懂這些高深的學問。」

最討厭那群股市名師在賣弄學問了，看到就覺得很噁心。專業，專業，多少人假借專業之名，而行詐騙的事實。如果股市名師說的話，你聽不懂，那是因為股市名師故意要讓你聽不懂，這樣才方便你去買他的訂閱文章，讓股市名師賺大錢。最後你還是一樣聽不懂，對股市的運作依舊一無所知，然後還傻傻地加入會員，炒股繼續賠錢。

公司獲利不是影響股價的主因

————— ✦ ————— ✦ —————

　　小美認為玉山金（2884）2020 年的獲利不好，因此玉山金的股價會一路往下大跌，直到 20 元。因為其他獲利差不多的金融股，股價就是 18 元～ 20 元，玉山金沒理由股價特別高。

————— ✦ ————— ✦ —————

　　其實這就是小美的幻想。玉山金的股價，不是由玉山金的獲利來決定，而是由擁有玉山金的人來決定。不管市場上有多少人嫌玉山金太貴，只要沒有人想賣玉山金，玉山金股價就是跌不下來。

　　我們以 2020 年 10 月 8 日這天為例：玉山金在前一天公布 2020 年前 9 月稅後盈餘 139 億 5,400 萬元，較 2019 年同期減少 11.6%，每股盈餘（EPS）為 1.11 元。徹底粉碎了玉山金年年成長的神話，證明玉山金也只是一家普通的金融公司而已。但 2020 年 10 月 8 日，玉山金的股價只有下跌 0.25 元，成交量也只有 2 萬 5,364 張。

不管玉山金獲利衰退多少，就算玉山金虧損好了，玉山金的股東就是不賣咧！你是能怎樣呢？人們在遇到壞消息的第一件事情，就是股票放著不動，看看啥時才會解套？如果以後賠錢的話，就叫做長期套牢；如果以後賺錢的話，就叫做長期投資。所有人最適合的就是長期投資，因為人的本能就是長期套牢。

只要公司不倒，年年賺錢，長期套牢久了，就會賺錢，然後就變成長期投資。短線投機完全不符合人性，因為人們不願意在虧損時賣股票，他們喜歡在賠錢時抱股票，既然如此，又何必浪費時間研究短線投機，反正你根本捨不得賣股票。研究哪家公司可以讓你在賠錢時，繼續好好地抱股票，這才是符合人性的做法。

很多人覺得，就算我沒有玉山金的股票，我照樣可以賣玉山金，這叫做融券。理想很美好，現實很殘酷。我們來看一下 2020 年 10 月 8 日這天，玉山金的融券總數為 619 張，比前一個交易日增加 25 張，只靠融券增加的 25 張放空，要打趴成交量 2 萬 5,364 張的玉山金股價，幾乎是 1：1,000 的比例，根本是不可能啦！反倒是融資總數

為 7,563 張,比前一個交易日增加 187 張。

遇到利空的消息時,融資反而還增加,這說明了玉山金的投資人,對於玉山金還是非常有信心,勇於買進,所以玉山金股價很難大跌啊!並不是大家都說玉山金爛,玉山金就會跌,而是要玉山金的投資人說玉山金爛,玉山金才會跌。

經常在網路上看到 2 個人,為了 1 檔股票的好壞在辯論,結果 2 個人都沒有這檔股票,那到底是在辯論啥?根本是互相對罵而已。

每次有人找我辯論中信金的好壞,我都會請他拿出中信金的賣出單或放空單,結果他們之中,根本沒有半個人做過中信金的買賣。外行人想要批評中信金,你還不夠格啦!

很多人一直有個概念,認為股票的合理價位是本益比的 15 倍。那麼假設玉山金 2020 年獲利降為 0 元,玉山金的合理價位就是 0 元(= 0 元 × 15 倍)嗎?0 元是你個人的幻想價位啦!你希望玉山金賣 0 元,也得玉山金的股

東願意賣 0 元才行。

我們以玉山金這家公司來説，EPS 跌到 0 元附近，一共
有 3 次。2002 年 EPS 虧損 1.46 元，股價最低 10.6 元；
2006 年 EPS 為 0.13 元，股價最低 18.65 元；2008 年
EPS 為 0.3 元，股價最低 6.23 元。

我們可以從歷史看出，不管玉山金獲利多差，它的最低
價位就落在 6.23 元。最扯的是 2006 年，玉山金 EPS 只
剩下 0.13 元，股價竟然還硬撐在 18.65 元，當年放空玉
山金的人，鐵定賠到很慘。

不是公司獲利變差，股價就會一直下跌，如果你有這種
想法，隨便跑去放空獲利衰退的公司，你肯定會破產。公
司的獲利與股價，沒有多大的關係，股價是靠人們用鈔票
炒出來的，股價破百元的虧損公司，到處都是，例如浩鼎
（4174），2020 年 10 月 12 日收盤價 114 元，但光
是 2020 年前 2 季 EPS 就虧損掉 3.34 元。因為公司獲利
衰退，就認為股價會下跌，你的依據到底是什麼？別老是
用自己的幻想來看待股市。

小美認為炒金融股每年賺 5% 太慢，如果拿錢來炒合一（4743），獲利 100% 輕鬆愉快。因此小美認為年輕人應該勇敢學習短線投機，長期投資是給老人家學的。

要摧毀一個人的幻想，最好的方法就是鼓勵他們實現幻想，當很多人跟我說買合一可以賺多少錢時，本肥羊一貫的做法就是鼓勵他去賞合一。如果他買合一賺大錢，本肥羊可以誇口說，這都是因為我鼓勵他買合一，才能賺到錢，一切都是本肥羊的功勞；如果他買合一賠錢，反正是他自己想買合一的，關我什麼事？破產上吊也與我無關啊！

合一從 2020 年 4 月 15 日的收盤價 31.55 元，漲到 2020 年 7 月 9 日的收盤價 450 元，上漲 1,326%（＝450 元 ÷31.55 元 ×100% － 1）；之後下跌到 2020 年 7 月 29 日 的 收 盤 價 153.5 元，跌 幅 65.89%（＝153.5 元 ÷450 元 ×100% － 1），只剩下 34.11%（＝100% － 65.89%）的股票價值；然後又回漲到 2020

年 9 月 30 日的收盤價 342 元，漲幅 123%（＝ 342 元 ÷153.5 元 ×100% － 1）。

短線投機就是要這樣子，看是要大賺 1,326%，還是大跌 65.89%，反正是你自己的錢，你愛怎麼賭，就怎麼賭，本肥羊一定支持你。

知道老人家為什麼可以當老人家嗎？因為老人家活得夠久，你年輕人不一定能夠活這麼久。我就假設你今天搞短線投機發財，賺到 1,000 萬元好了，再來呢？你繼續搞短線投機賺到 1 億元嗎？財產超過一定的程度後，剩下就只是數字的跳動而已！

以本肥羊為例：我的家產大約在 3,000 萬元左右，不包含我住的那棟透天屋。這 3,000 萬元的家產，我花過嗎？沒花過，完全就只是個數字而已。那我需要為了自己完全花不到的 3,000 萬元，下海搞短線投機，去賺一個我完全花不到的 3 億元嗎？不值得冒這個險啊！反正只是多出來的財產，3,000 萬元和 3 億元，都是一樣的，根本一輩子花不完。

我們常看到許多人靠炒短線賺了幾千萬元,甚至幾億元。之後呢?就沒有之後了,他們都怕死,不敢再繼續玩短線投機下去。有些去當老師,教導學生炒股;有些去搞內線交易,他們就是不繼續玩短線交易了。財產到達一定程度之後,就不應該冒險,所以你為啥要學習無法一直玩下去的短線投機技術呢?反正等你靠短線投機發財之後,你還是得放棄短線投機啊!不如來學習長期投資,還可以父傳子,子傳孫,永無止境地炒股下去。

最常見到的詐騙集團廣告:「理想是什麼?我的理想就是不用工作。」「每週送你 1 檔強勢股,1 個月賺 30%。」「良心事業,先讓你炒股賺到錢,再收學費。」仔細注意一下,就會發現詐騙集團都是吸收能力最爛的人來騙錢,像是不想工作的懶惰鬼、想 1 個月賺 30% 的白日夢患者、喜歡免費明牌的貪小便宜者。無論是懶惰鬼、愛做白日夢的傢伙,還是貪小便宜的人,這些人全部都是社會的失敗者。

我今天講一句實在話:「就算騙子不去騙這些人的錢,這些人一輩子也不可能賺到錢,因為他們的能力有問題

啊！」一個能力和性格都有問題的失敗者，你要如何用正規的股市教育，來教導他們炒股賺到錢？這絕對是不可能的事情，所以只好騙他們囉！給他們一個發財的幻想，然後騙光他們所有的錢。

很多人以為詐騙集團都是騙有錢人，其實這是錯誤的思想，詐騙集團最愛騙窮人了，因為窮人一輩子失敗，他們渴望成功，但又沒有能力成功，這種人就是詐騙集團最愛的獵物。像這種永遠的失敗者，我家裡有 6 個，才會在 1989 年捲入「鴻源詐騙案（註 1）」，損失家裡最後的 100 萬元財產。他們堅持投資詐騙集團的決心，本肥羊怎樣都阻止不了，你以為鴻源不騙他們的錢就沒事嗎？我的家人何止被鴻源騙錢，他們還被親戚、朋友和情人騙錢咧！

坦白說，會相信詐騙集團的人，本身腦袋就有問題。這個詐騙集團不騙他們的錢，也會有其他詐騙集團，跑來騙他們的錢，都一樣的啦！不肯睜開雙眼看清現實的人，走到哪裡都只是被騙錢的命運，是個永遠的失敗者！

「舉秀才，不知書。舉孝廉，父別居。寒素清白濁如泥，

高第良將怯如雞。」這句話出自《桓靈時童謠》，是指被推舉做秀才的人，竟然不會讀書；被推舉做孝廉的人，把父母趕出家門；被推舉為清白的人，性格竟然和汙泥一樣骯髒；被稱作優秀將領的人，膽子和雞一樣小。這首詩反映出目前的股市，妖魔亂舞。

股市名師拿不出交易紀錄，每天吹牛皮、畫虎爛騙錢，製造假的對帳單四處誇耀；散戶則是對自己沒買過的股票，胡亂批評，世道整個汙濁到了極點。

股市騙子實在是太多了，或許該問哪個人不是騙子才對。其實很多股市名師的騙術極為拙劣，稍微用腦袋想一下就知道，這位股市名師肯定有問題。例如某位股市名師，每天貼出投資報酬率 300% ～ 500%、獲利 50 萬元～ 200 萬元的對帳單。照這種天天賺大錢的速度，這位股市名師 1 年至少賺 1 億元，早就可以財富自由了。然而這位股市名師卻拖到了 60 歲才辭職，專心投入股市，這說不過去

註 1：鴻源詐騙案是 1981 年～ 1990 年由鴻源機構衍生的非法吸資詐騙案，是台灣經濟史上最大型的集團型經濟犯罪之一。

崩盤照買的股市肥羊心理學

啊！已經是一天可以賺 50 萬元～ 200 萬元的人了，還需要做到 60 歲才退休嗎？事情有不合常理者，其中必定有鬼。很多時候不是詐騙集團的騙術太過高明，而是粉絲自己腦袋有問題，怨不得任何人啊！

Note

崩盤照買的股市肥羊心理學

Chapter 7

送死篇》妄想靠炒投機股翻身恐會被推入萬丈深淵

　　隨著狼族包圍水羊城的時間持續下去，水羊城糧食不足的情況愈來愈惡化。無奈之下，只能由肥羊王率領 10 萬水羊族大軍出城決戰，謹羊王親自送行。

謹羊王：「各位先走一步，我等城破後，就過去陪伴你們。」

肥羊王：「城不會被攻破的，各位士兵們，大家怕死嗎？」

10 萬水羊族大軍齊聲大喊：「不怕死！」

謹羊王：「真不愧是我水羊族的精銳，祝各位武運昌隆。」

肥羊王：「感謝謹羊王的祝福，現在請各位士兵將紅色藥草吃下去。這可以在短時間內，提升 1 倍的戰鬥力，非常珍貴。只有像各位這種不怕死的羊族勇士，才夠資格服用如此珍貴的藥草。」

肥羊王吃下紅色藥草，10 萬水羊族大軍跟著吃下紅色藥草。

謹羊王親自撫琴一首送行，肥羊王一邊唱歌、一邊跳舞。

「羊的壽命只有 50 年，一切就像做夢般的虛幻。凡是擁有生命的一切，最後都必定步向毀滅。如果可能，我好想再回到北方，見見狼媽媽的屍骨。」

10 萬水羊族大軍全數出擊，與 3 萬狼族精銳爆發激烈戰鬥。羊族士兵在神藥的加持之下，勇猛無比。腳被砍斷了，在地上爬行，繼續拿劍揮舞；肚子被切開了，用手撈住腸子，像沒事般勇猛殺敵。狼族士兵看到後覺得驚恐萬分，狼族本陣遭到攻破，狼王甚至被 10 幾名羊族士兵追殺。眼看即將獲勝之時，1 萬名狼族援軍抵達，從羊族後方進行夾擊，肥羊王在混亂中逃走，10 萬水羊族大軍全滅。

———◦◦◦———

在這裡要不斷重複強調的是，我們是羊族，不是狼族。羊族的戰鬥力不到狼族的 10%，所以 10 萬羊族大軍，怎樣都不可能打贏 4 萬狼族精銳，這點一定要再三強調，否則會有人不停問我：「為啥別人炒股賺的比我多？為啥別的老師獲利都可以達到 50% ～ 100%？」因為人家是狼

族，我們是羊族，我們天生就打輸人。炒股沒賠錢就該偷笑了，還滿腦子想著要發財，你誰啊？你是羊族耶！每天做啥發財的白日夢，想發財去找別人學習炒股啦！

既然各位都知道自身無能，那麼就好辦了。你唯一能依靠的就是大到不能倒的公司，因為你不會炒股，所以你也不可能會挑選股票。別人買到的股票，每天價格都在上漲，公司的盈餘年年增加；但你完全不行，你買的股票價格沒跌就很偷笑了，公司的盈餘甚至還會下滑。這一切的原因只有一個，別人是狼族，而你是羊族，答案就是這麼的簡單，本肥羊講話可能很刺激你，但事實的真相就是如此。

小雅誇讚小美炒股如神，推薦的台積電（2330）股價一路漲上去。小雅怕肥羊懷疑小美造假，還特地翻了小美先前推薦的台積電文章，從 2020 年 5 月 26 日，一路推薦到 2020 年 10 月 19 日，簡直是股神啊！

我們來研究一下，為什麼小美能挑到上漲的股票？原因

很簡單啊！因為這檔股票上漲之後，小美才挑到。以台積電為例，2020 年 10 月 19 日收盤價是 457.5 元，當小美看到這個價格時，才去挑台積電。

肯定會有很多人吐槽本肥羊，說小美是從 2020 年 5 月 26 日，台積電收盤價是 295.5 元時，就開始推薦，並不是等台積電股價大漲後才推薦的。你的說法也完全正確，事實的真相就是，小美從 2020 年 5 月 26 日到 2020 年 10 月 19 日這段期間，只要看到台積電股價上漲就推薦，看到台積電股價下跌她就閉嘴。

我們實際回到 2020 年 5 月 26 日來看看，小美當天還推薦了第一金（2892），2020 年 5 月 26 日收盤價是 22.3 元，2020 年 10 月 19 日收盤價是 20.35 元；還有凡甲（3526），2020 年 5 月 26 日收盤價是 96.1 元，2020 年 10 月 19 日收盤價是 79.7 元；以及柏文（8462），2020 年 5 月 26 日收盤價是 193.5 元，2020 年 10 月 19 日收盤價是 160 元。

那你知道第一金、凡甲和柏文這 3 檔股票嗎？你不知道，

對吧？因為賠錢了，所以小美後來絕口不提這 3 檔股票，小美只是不斷重複著自己推薦且賺錢的台積電而已。因為她一直不停地講，所以你一直不停地以為她在推薦，其實她只是看到股價上漲才推薦。不信的話，小雅可以去翻翻小美在台積電股價下跌的那些日子，可曾推薦過台積電？答案是台積電股價一下跌，她就閉嘴，完全不推薦了。

因為台積電股價上漲，所以小美一直不停地推薦台積電，你看到小美今天推薦台積電，你就去翻翻先前的文章，也是一樣推薦台積電，你就認為小美真的很神，推薦的台積電股價都一直上漲。

如果你認真研究小美的文章就會發現，2020 年 9 月 16 日到 2020 年 9 月 25 日，小美對於台積電完全閉嘴，寧願聊聊她家的烏龜和公園的垃圾，因為這段期間台積電股價下跌。有粉絲詢問，小美也只是回答：「先觀望看看，再找買點。」等到 2020 年 9 月 30 日台積電股價開始上漲時，小美又開始炫耀自己，趁台積電股價下跌時，買回先前高點賣掉的台積電。小美完全就是看著盤勢在講話，4 檔股票挑中 1 檔上漲，這種能力有啥稀奇之處？命中率

25%，你做不到嗎？但一般人看不到這一點，他們只看到小美推薦了台積電，台積電股價還真的硬是漲上去；另外推薦的第一金、凡甲和柏文這 3 檔股票，因為小美後來絕口不提，所以小雅不知道。

　　除非你像本肥羊一樣，閒著沒事，一篇文章又一篇文章地翻，硬是翻了 400 多篇文章，終於找到 2020 年 5 月 26 日的股票推薦文章。把小美當時推薦的 4 檔股票翻出來，發現 4 檔股票只有 1 檔台積電股價上漲，其餘的 3 檔股票股價全部下跌。小美甚至沒把 2020 年 5 月 26 日的股票推薦文章刪除或修改，她肯定是不認為有人會吃飽撐著，跑去翻 100 多天前的考古文吧！

　　看文章是不準的，你應該要看小美的交易紀錄。你就會看到小美始終只有那唯一的一張台積電，就掛在那裡，不買也不賣，所有推薦都是假的，因為小美根本就不買台積電，自己都不買的股票，是要怎樣推薦給別人？你甚至可以看到小美推薦的第一金、凡甲和柏文，這 3 檔股票賠錢。

　　這樣的小美，能夠算是很會炒股的大師嗎？唬爛倒是很

有一套啦！當然小美不會拿交易紀錄給你看，所以你也不可能知道這些事實，畢竟交易紀錄一拿出來，小美的謊言就會被當場拆穿。因此我常告訴粉絲，不用浪費時間讀股市名師寫的書，或者花錢買他的訂閱文章。那些全部都是瞎掰的，一定要看股市名師的交易紀錄，才能知道最真實的情況，也才能有效提升自己的炒股功力。拿不出交易紀錄的股市名師，就是在畫虎爛。

今天的成長股，就是明天的衰退股

再來，我們談談別人的公司，獲利為何會一直增加？原因也很簡單，他們買獲利一直增加的公司，只要公司一直不停地擴張據點，獲利就可以增加。

我們以小美購買的柏文為例：柏文設立於 2005 年，並於 2006 年創立主力品牌「健身工廠」。2020 年 12 月，柏文的資本額約 7 億 3,700 萬元，且其自 2013 年以來，每年的獲利不斷增加。而柏文 2021 年～ 2025 年還預計要擴張 27 個據點，因此推論 2021 年柏文的獲利，也應該會繼續增加，所以小美購買柏文的股票，其實很有道理。

90% 的情況之下，不斷擴張據點的公司，獲利也會不斷地增加。問題在於那剩下的 10% 情況，也就是 2020 年的新冠肺炎（COVID-19）疫情，導致柏文獲利衰退，以 2020 年前 3 季的財報來說，稅後淨利約 2 億 8,300 萬元，比 2019 年同期衰退了 18.8%。這戳破了成長股每年都會成長的假象，公司永遠不可能無限成長下去，一定會到達一個極限，之後就是衰退，「今天的成長股，就是明天的衰退股。」

當然很多人會覺得，這是因為疫情的關係，如果沒有疫情的話，一切就不至於如此。但股市最有趣的地方，就在於隨時都會出現意外，獲利會衰退、公司會倒閉、旭富（4119）的工廠會發生大火、康友-KY（6452）的董事長會捲款逃跑，一切都有可能發生。只因為公司過去幾年都成長，就認為公司未來也會繼續成長，這是非常天真的想法，你有考慮過公司成長，是靠假帳做出來的嗎？你知道只要跟銀行借錢開分公司，就可以讓公司賺大錢嗎？

假設有一家連鎖餐廳，跟銀行借 10 億元開分店，那麼這家餐廳只要今年賺 1 億元，就會賺大錢，但實際上還背著

10 億元的債務。如果這家餐廳一直很受歡迎，那當然是沒問題，但如果消費者突然不去餐廳吃飯，這家餐廳就會瞬間倒閉，因為公司背了 10 億元的債務，銀行每天跑來公司討債的威力，足以讓公司破產。高速成長的公司，往往意味著跟銀行借大錢進行投資，也就表示容易因為經營狀況出點小問題，就破產倒閉，千萬要小心啊！

我們再以大地 -KY（8437）來討論，這是中國第 2 大的台灣幼教品牌，2020 年 12 月的資本額約 4 億 7,900 萬元，自從 2013 年以來，這家公司的獲利也是不斷成長。但是來看 2020 年前 3 季的財報，稅後淨利 1 億 300 萬元，比 2019 年同期衰退了 79.1%，這根本是跳水式衰退啊！

成長股之所以能夠成長，最主要的關鍵在於公司資本額小，所以獲利不穩定，非常容易成長，但也容易衰退。你要購買成長股是你家的事情，但你要記住這些成長股都是小型股，公司隨時都有可能倒閉，當然也隨時都有可能賺大錢。購買小型股，就是賭博，賭公司未來大賺或大賠。

再來，我們討論凡甲，這是一家電子零組件公司，2020

年 12 月的資本額約 7 億 2,200 萬元，每年獲利起伏很大。
2013 年獲利衰退 96.6%、2014 年獲利成長 1,713.7%、
2015 年獲利成長 18.2%、2016 年獲利成長 317.7%、
2017 年獲利衰退 47.9%。我們可以注意到這家公司，其
獲利極度不穩定，很容易衰退，也非常容易成長，這也是
1 檔成長股，成長到一半就會突然衰退，然後繼續成長。
許多股市名師就偏愛這種股票，因為有題材可以炒。

　想想看凡甲 2020 年前 3 季的稅後淨利 4 億 200 萬元，
比 2019 年同期成長了 51%。51% 的成長耶！想想看這
是多麼驚人的成長幅度，股價也從 2020 年 2 月 3 日收盤
價 67 元，漲到 2020 年 5 月 26 日收盤價 96.1 元，之
後又一路跌到 2020 年 10 月 19 日收盤價 79.7 元，可
以看得出來，漲跌非常迅速。所謂的公司成長根本是個假
議題，趁機炒作股票才是真正的事實。

　我們要注意到這些成長股，成交量都非常小。2020 年
10 月 19 日，凡甲成交量 203 張；柏文成交量 74 張；
大地 -KY 成交量 30 張。成交量小的股票，非常容易操作股
價。以柏文來説，如果我想在 2020 年 10 月 19 日操作

這檔股票，我只需要天天吸引 74 個人進場購買就可以了，我上新聞打個廣告，或者接受雜誌採訪，一下就能找到 74 個人來買股票，輕鬆愉快啦！

　　目前大型的股票社團，人數大約在 2 萬人～ 20 萬人之間。我甚至於只需要當個團長，登高一呼，光靠我手下死忠的團員進場購買，就足以將柏文的股價整個撐起來。等大家手上的柏文都上漲之後，我就可以到處炫耀，我帶領團員，打出了一場漂亮的勝仗，炒作小型股就是如此的簡單。既然如此，每個股市名師都跑去炒作小型股就好了，何必在那邊浪費時間選股呢？最主要的問題在於金管會，很喜歡法辦炒股的大型股票社團，以 2016 年著名的欣巴巴（9906）炒作案為例，當事人因為運用大型股票社團的力量，炒作 5 家公司的股價，不法獲利 6,950 萬元，違反《證券交易法》，13 人遭到移送。

　　由於金管會喜歡法辦炒作股票的股市名師，逼得股市名師不敢任意炒作股票，但實際上，這群股市名師還是在炒作股票，換個手法而已。他們改為用通訊軟體 line 來聯繫，也不再推薦買進賣出，改為說自己啥時買，但啥時賣就不

講了，要你自己抓時機點賣股票。為啥賣股票不講呢？因為不能講啊！想想看一家只有 20 張成交量的小公司，結果你的社團就擁有 1,000 張，萬一所有人同時賣股票，團員會活活踩死團員的。

　　其實踩死團員也沒關係，股市名師也沒那麼在乎團員死活，他真正害怕的是，被踩死的團員跑去跟金管會檢舉，會害自己惹上麻煩。我們常看到許多股市名師搞臉書（Facebook）、訂閱、社團、App 和 Line。為啥他不集中搞一個就好呢？這其實是有道理的，臉書可以招攬免費的粉絲衝人氣，訂閱和 App 可以賺錢，Line 可以下達機密指令，最近還有 VIP 社團，想加入還得付錢。這其實就是一種老鼠會的手法，一隻老鼠帶一隻老鼠來膜拜股市名師，這種賺錢的手法對嗎？很難説對錯啦！雖然這觸犯了金管會的《證券交易法》或《證券投資信託及顧問法》，但至少人家股市名師是憑自己的實力炒股，總比一堆每天吹牛、看著盤勢，事後説漲跌買賣的唬爛大師好。

　　我們可以看出來，如果你跟隨著一位不肯出示交易紀錄的股市名師，那麼他其實就只是一個很會唬爛的騙子而已。

當然，我知道股市名師的會員有分價碼，外圍粉絲本來就沒資格看交易紀錄，但如果你已經花錢買到了最高階會員，還是一樣沒看到股市名師的交易紀錄，建議你可以退掉這位股市名師了，追蹤他根本浪費時間和金錢。

如果你追蹤的股市名師願意出示交易紀錄，但他都是買賣小型股，那你務必要小心，這種利用大量粉絲，拉抬股價的炒作手法，已經觸法了。當然，如果你不介意犯法，就去做吧。

通常追隨這種炒作股票的股市名師，我都會勸人想辦法跟股市名師關係搞好一點，努力成為核心階級，這樣股市名師賣的時候，才會通知你。但上法院時，你會發現自己莫名其妙成為炒股共犯了；如果你只是外圍粉絲，雖然不會上法院，卻有可能因為手腳太慢，被其他賣股票的恐慌粉絲活活踩死，請務必注意。

如果你跟隨的股市名師沒有交易紀錄，也沒有畫虎爛，他只是單純地教導你炒股觀念，建議這種股市名師也別追了，根本浪費時間。炒股觀念還需要教嗎？隨便去書局買

本書，寫的內容都比他教的還要詳細。炒股最重要的是買賣時機點，什麼時候買？什麼時候賣？「一個觀念，可以有 100 個答案。」我不知道學這種觀念要幹嘛？知道這 100 個答案又能如何，重點應該在於這 100 個答案，要選哪個答案？

　　所以股市名師應該親自示範如何炒股，以及買賣的進出點，教啥觀念啊！用一大堆專業名詞來唬爛無知的散戶嗎？更別提很多股市名師的觀念，天天都不一樣。今天說存股、明天說要做價差，從長期投資做到短線投機，從台灣炒股到美國，甚至全世界。這樣的觀念是要討論啥？討論如何用幻想，來編織一個窮人發大財的白日夢嗎？這種股市名師看起來很誠懇，其實還是一樣在畫虎爛啦！每天很誠懇地對粉絲畫虎爛。

　　如果股市名師真的想要投資股票，就不能試圖用自己的力量來影響股價，這想法是很好，但實際上做不到。每個股市名師都是幾萬名粉絲以上的水準，講出來的言語，怎麼可能不影響到股價，但如果挑選的是大型股，至少可以把對股價的影響降低。以 10 萬人的粉絲團來講，核心的

大約 1 萬人而已,假設這 1 萬人,每人買 1 張股票,就是 1 萬張股票,分散在 100 個交易日購買的話,就是這個社團,每天都能買 100 張股票。

也就是說,大型股票社團可以輕易炒作成交量在 100 張以下的小型股,但這是犯法的,股市名師會被檢察官移送法辦。但如果是成交量 1 萬張以上的大型股呢?每天 100 張丟下去,連個水花都沒有,所以我們應該炒作大型股,這樣才不會被檢察官抓去關。不過台灣人都偏愛小型股,等出現恐慌時,團員就會互相踩死團員,然後再抱怨主力坑殺,政府無能。怪了,你不知道小型股就是主力坑殺散戶的地方嗎?這些人的腦袋真該切開來看一下,裡面到底是裝啥?

用肥羊派波浪理論操作,長、短線都能賺

小雅認為,長期投資都是有錢人在搞的,窮人搞長期投資根本不可能發財。100 萬元每年賺 5%,才 5 萬元,1 個月頂多增加 4,000 元薪水,完全無感啊!但只搞短線投機

又太危險了，所以她現在一半長期投資、一半短線投機，這樣就既安全，又能賺錢。

這個做法表面上看起來是很好，但你知道長期投資和短線投機的理論完全相反嗎？長期投資看的是公司基本面，基本面沒出問題，就不賣。短線投機看的是股價，股價下跌就賣掉。

假設富邦金（2881）的股價從 41.55 元，跌到 39.55元。如果你有預知未來的超能力，你可以在富邦金股價 41.55 元時，看到富邦金股價將會下跌 2 元。這時候你應該怎麼做呢？短線投機就是先賣掉，再買回來，非常依靠自己的預知能力，是個極具判斷能力的天才。長期投資就是繼續買，完全不賣，直接忽視自己的預知能力，是個完全不會判斷的白癡。所以身為集長期投資和短線投機精華於一身的你，請問對於富邦金下跌這件事情，該怎麼處理？

你要相信自己的預知能力？還是忽視自己的預知能力？你只要賣掉富邦金，就是短線投機，就算你在 39.55 元買

回富邦金，你一樣還是短線投機。只有當你在股價下跌時，不賣富邦金，才會是長期投資。請問你要如何在富邦金這檔股票同時做到長期投資和短線投機？如何能同時成為有判斷能力的天才和無判斷能力的白癡？天才與白癡如何融為一體？根本是不可能的事情。

很多人會覺得，我就金融股玩長期投資，電子股玩短線投機，問題就解決了。很好的幻想，但實際上也不可能。你金融股玩長期投資的依據是什麼？因為金融股「很好」，所以你長期投資嗎？那如果金融股「很爛」，你要不要長期投資？肯定不要嘛！白癡才會長期投資「很爛」的公司。

到這裡，大家應該都沒有問題。那麼請問金融股「很爛」的定義是什麼？公司虧損？發不出現金股利？還是獲利衰退 10%？你可以告訴我「很爛」的定義是什麼嗎？你說不出口了，對吧？因為你根本不知道「很爛」的定義是什麼？「很好」和「很爛」都是你隨口瞎掰的。因為你買股票，所以你說公司「很好」；因為你賣股票，所以你說公司「很爛」。你對公司的描述一點也不客觀，完全是按照你自己的幻想，在判斷公司的好壞啊！

　　事實上，公司獲利成長，可以造成股價下跌。例如凡甲，2020 年前 3 季的稅後淨利 4 億 200 萬元，比 2019 年同期成長了 51%。雖然公司獲利增加，但股價卻下跌，從 2020 年 5 月 26 日收盤價 96.1 元，一路跌到 2020 年 10 月 19 日收盤價 79.7 元。請問股價下跌的凡甲，是「很好」？還是「很爛」？

　　此外，公司獲利衰退，也可以造成股價大跌。玉山金（2884）就是因為 2020 年前 9 月獲利衰退 11.6%，造成股價從 2020 年 8 月 19 日收盤價 27.55 元，跌到 2020 年 10 月 30 日收盤價 24.3 元。請問下跌 3.07 元的玉山金，是「很好」？還是「很爛」？請問小雅這位存股賺價差的聰明投資者，你要不要繼續買獲利一直衰退的玉山金？肯定不買嘛！事實上，小雅把玉山金賣光了，因為小雅覺得玉山金「很爛」，獲利衰退 10% 左右而已，玉山金就被小雅從評價「很好」改為「很爛」。請問台灣有哪一家公司上市 20 年，獲利從來沒有衰退超過 10% 呢？

　　玉山金明明還好好地活著，就這樣被小雅賣了。然後小雅發現台積電業績一直成長，就跑去買台積電。說好的金

融股玩長線，怎麼全部賣光光了？原本要短線投機的電子股，現在反倒變成長期投資。如果明年台積電獲利衰退10%，小雅是不是也要把台積電評為「很爛」，然後賣光光呢？公司成長週期必然出現的衰退，到底是哪裡「爛」啊？喜歡存股賺價差的人，最後幾乎都會變成短線投機客，然後把長期投資徹底忘光光。

我們都知道短線投機就是一種感覺，什麼線型都是假的，你感覺這檔股票的股價會漲還是會跌，才最重要。你每天在看電子股，試圖抓到股價漲跌的感覺，結果一看到金融股，漲跌的感覺又消失了。你沒有辦法同時擁有長期投資和短線投機的心態，你只能發展一個心態，同時存在 2 種性格的人，最後必定走向精神崩潰。在金融股同時做價差和存股的人，還真不少，其中最多的就是玉山金。玉山金裡面一大票的人，都是在玩價差，他們根本不是存股族，他們是「假」存股族。

當玉山金獲利不如理想之後，這群人統統都把玉山金賣了，導致玉山金股價積弱不振。也多虧他們，讓本肥羊在2020 年 7 月時誇下的預言（玉山金 2020 年無法完成填

權息），可以順利實現。

　　你永遠不可能同時存股又玩價差，你最後一定會變成玩短線價差或長期存股，價差與存股不可能兼得，你一定得捨棄其中之一。除非你使用本肥羊的「標準型肥羊派波浪理論」（股價上漲 5%，就賣掉 5% 股票數量；股價下跌 5%，就買進 5% 股票數量）進行操作，就有可能價差與存股一起賺。肥羊派波浪理論是目前市面上，極少數能同時融合長期投資和短線投機的理論，為本肥羊所獨創。

沒有資本，就沒有獲利

　　「出東門，不顧歸。來入門，悵欲悲。盎中無斗米儲，還視架上無懸衣。拔劍東門去，舍中兒母牽衣啼：『他家但願富貴，賤妾與君共哺糜。上用倉浪天故，下當用此黃口兒。今非！』咄！行！吾去為遲！白髮時下難久居。」這首《東門行》是寫，走出了東門就不想回家，當真回到家裡又悲傷欲絕；米罐裡沒有米，衣架上沒有衣服；拔起長劍就要往東門走去，家中的妻子牽著小孩，哭泣說道：「別人家都想要富貴，但我只希望和你一起喝清粥。上面還有

老天爺，下面有這個小孩，你不能胡作非為啊！」男人回答：
「去你的，我現在做都還嫌太慢，已經被生活逼到頭髮都
白了，我沒辦法再繼續過這種日子」。

在這首詩中，我們看到一個被生活逼上絕境的男人，拿
著一把劍，要去東門外面，做免本錢的非法生意，「鋌而
走險」。這告訴我們，窮人有多麼地勇於冒險，反正他已
經沒有任何東西可以損失了。

我們經常看到許多窮人，鼓吹著極為危險的炒股行為，
借錢炒股、融資、期貨、槓桿全開。反正他們自認為已經
沒有任何財產可以損失，乾脆就拚死一搏吧！但你真的沒
有任何東西可以損失嗎？你不是還有飯吃，有衣服穿嗎？
所以你並非完全沒有任何東西可以損失。

我常告訴粉絲：「真正的窮人，不可能炒股。」你窮到
都沒飯吃了，哪來的錢炒股票？能夠炒股的，絕對不是真
正的窮人，因為你至少有錢可以買股票。所以被生活逼上
絕境，不得已的情況下，只能靠炒股做最後一搏，這是絕
對是不可能的。你只是想發財想瘋了，你只是對現實的工

作環境很不滿，你幻想鈔票可以扭轉你生活的一切，你根本不可能因為沒炒股就餓肚子，反倒是有可能因為炒股賠錢而去路邊乞討。

炒股是需要龐大資金的「有本生意」。假設你現在手上有 10 萬元，你拿去搞投機股賺了 10 倍，也不過是 100 萬元而已。買輛車就沒了，這點小錢不可能讓你扭轉生活。如果你 10 萬元炒投機股賠光了，以月薪 2 萬 5,000 元計算，你 4 個月薪水就消失囉；如果你現在手上有 100 萬元，你拿去搞投機股賺了 10 倍，就是 1,000 萬元，可以扭轉你的生活，前提是你要有房子，如果你沒有房子，1,000 萬元大概也只夠你在台北買間套房。如果你 100 萬元炒投機股賠光了，以月薪 2 萬 5,000 元計算，你 3 年 4 個月的薪水就消失囉！

如果你真的完全一無所有，你想靠炒投機股翻身，我估計，你至少要有 500 萬元的資本。你拿去搞投機股賺 10 倍，就是 5,000 萬元，可以扭轉你的生活，也足夠你在台北買間普通的房子。如果你 500 萬元炒投機股賠光了，以月薪 2 萬 5,000 元計算，你 16 年 8 個月的薪水就消失了。

從前面的計算可以看出，炒股需要資本。你運氣再好，即使獲利 10 倍，也不可能讓你一夜致富。因為你本金太少，獲利 10 倍也沒什麼感覺，依舊是個窮光蛋，單純自爽自嗨而已！就像我說的，你至少得先拿 500 萬元出來，才有可能讓一個人靠著獲利 10 倍翻身，在台北買房子，過著舒適的生活。但能拿得出 500 萬元，你也不算窮光蛋了；你拿著 10 萬元炒股，損失光了，確實沒什麼；但 10 萬元獲利 10 倍，也沒什麼，買輛車剛剛好而已。

無論長期投資或短線投機，你都需要極為龐大的資本，才有可能獲得極為龐大的獲利。「沒有資本，就沒有獲利。」一個人已經窮到沒有錢可以損失，只能靠炒股翻身，這絕對是不可能的事情。因為窮人沒有本金，再怎麼炒股，即使投資報酬率高達 10 倍，都不可能翻身。

當然，我知道外面很多人，都能夠靠 10 萬元賺到 1,000 萬元，不過這些人 99% 都是詐騙集團，相信詐騙集團，只會讓你窮得更厲害。至於剩下那 1% 的真材實料，靠 10 萬元賺到 1,000 萬元的投機天才，你根本沒機會碰到，證據是你還在看這本書。哪個可以獲利 10 倍的人，會跑來研

究每年只能賺 5% 的長期投資？又不是腦袋有洞。

　　永遠不要因為生活上出現困境，就跑來學習炒股，你只會發現自己被股市推下懸崖。請勇敢正視你生活上出現的問題，無論是工作、家人，還是醫療問題。該刻薄家人生活費的，就刻薄家人生活費；該放棄的家人，就趁早放棄；該病死的老人，就讓他病死。不要因為無法解決生活上的困難，就想躲進股市，這裡賺不到錢的。

　　如果炒股賺錢如此簡單，還有人需要拚死拚活考醫學系嗎？除非你腦袋比醫學系學生還要好，否則不用做白日夢了。但就算是醫學系畢業的學生，炒股也是一堆人賠錢的，腳踏實地工作比較實在。這世上唯一能 100% 替你帶來財富的就是你的工作。許多股市名師宣稱自己已經財富自由，不需要工作，那股市名師為何還需要搞訂閱文章呢？寫訂閱文章不就是工作嗎？永遠不要去怨恨你的工作，如果當真覺得工作太爛，你可以辭職換份新工作，但你終究還是要工作的。

Chapter 8

陷阱篇》忽略主力的言行
擺脫散戶被坑殺的命運

　　狼族大本營，目前正在舉行擊敗羊族的慶祝酒會，現場到處都是新鮮現宰的烤羊肉，四處瀰漫著歡樂氣氛。

狼王：「今天多虧愛卿即時救援，否則現在就是烤狼肉大
　　　　會了。」

狼族將軍：「竟然能將狼王逼到這個地步，肥羊王的指揮
　　　　　　能力真是了得。」

狼王：「光憑著一時的蠻勇，又能怎樣？打仗是要用腦袋
　　　　的。」

狼族將軍：「狼王一開始就點燃求救的烽火，真是高招。
　　　　　　要是等到屈居劣勢再點燃烽火，我們肯定來
　　　　　　不及救援。」

狼王：「我只是覺得奇怪，好好的水羊城不守，跑來決戰，

肯定其中有鬼。就點燃烽火試試，想說最多不過讓你白跑一趟而已。果然真的有詐，差點就被全滅了。」

狼族將軍：「狼王智謀過人，特別是勇於承認自己打不贏這一點，實在讓人佩服。換作是別隻狼，肯定會死要面子，不肯點燃烽火求援。等到大勢已去時，就算點燃烽火也來不及了。相對於狼王的謹慎，肥羊王的冒險決戰，根本不值一提。」

狼王：「明天一舉攻破水羊城，西方草原就盡入我手了。」

狼族將軍：「為狼族美好的未來乾杯！」

當天晚上，狼王睡覺睡到一半時，忽然感到呼吸困難。驚醒過來時，發現自己口水流得到處都是，呼吸不斷發出咕嚕咕嚕的聲音，眼睛看東西都變得不清不楚。狼王大聲喊叫，竟然沒有半個手下前來救援。

狼王：「天殺的肥羊王，竟然對自己的羊族大軍下毒。什麼出城決戰全是假，把中毒的羊群送來給我們吃才是真。狼群愛吃新鮮現宰羊肉的特性，完全被

肥羊王掌握住了。一隻羊到底要多麼地喪心病狂，才能想出如此殘忍血腥的計謀。」

狼王用長劍撐住地面，一步一步地離開大本營，想要逃往榕樹橋要塞。突然間，狼王的腦袋掉了下來，手持沾血長劍的羊族士兵，很高興地拿著狼王腦袋，去向謹羊王領賞。這一夜，4 萬狼族士兵要不是被毒死，就是被謹羊王率領的 1 萬羊族士兵殺死。

當黎明降臨大地時，10 萬羊族陣亡士兵和 4 萬狼族中毒士兵，總計 14 萬具屍體，全部被點火燃燒。這是狼族有史以來最慘烈的敗仗，也是羊族有史以來最大規模的勝利。水羊城之戰徹底扭轉了狼族的壓倒性優勢，從此狼族無力南下，取而代之的是羊族的北伐。

狼族最大的問題點在於，輕易相信羊族送上來的禮物，完全沒有思考過這群羊是否有毒，還把這群羊新鮮現宰，很開心地烤來吃。永遠不要相信敵人的禮物，無論是特洛伊內藏敵人的木馬，還是晉獻公送給虞國的美女，這些敵

人送來的禮物，都必須立刻毀滅。傻傻收下來，就注定你自己的滅亡。

　　很簡單的道理，但股市裡竟然沒有人知道。大家每天都認為主力把股價炒上去，是為了讓散戶搭便車賺大錢，從來沒人想過主力是為了坑殺散戶，才把股價炒上去，真是好傻、好天真。

　　這種「送禮物殺你全家」的做法，從古至今持續數千年，人們還是一再地上當，人們唯一從錯誤中學會的教訓就是，「人們永遠學不會教訓」。天上不可能掉禮物下來，唯一會從天上掉下來的，就只有炸彈而已。把炸彈包裝成禮物的樣子，就完全看不出來嗎？你到底有沒有用過腦袋啊？

　　小美在 2020 年 7 月 20 日，以收盤價 17.5 元，買進美德醫療 -DR（9103）200 張。之後，就開始大肆吹噓：「新冠肺炎（COVID-19）疫情將會替美德醫療 -DR，帶來多麼龐大的利潤。」並告訴大家：「好的開始就是成功的一半，目標要看遠、看準，勇敢地向前走。」

粉絲們一開始也只是觀望，後來看美德醫療 -DR 股價不斷地上漲，也跟著紛紛搶進美德醫療 -DR，溢價將近 1 倍（詳見 Chapter 4）。

　　如此的溢價亂象，逼得台灣證券交易所（以下簡稱證交所）在 2020 年 9 月 24 日宣布，美德醫療 -DR 自 2020 年 9 月 25 日起至 2020 年 10 月 13 日，將以人工管制撮合終端機執行撮合作業，約每 20 分鐘撮合一次。此舉造成美德醫療 -DR 從 2020 年 9 月 23 日收盤價 61 元，一路下跌至 2020 年 10 月 26 日收盤價 31.15 元。

　　小美從 9 月開始，頻繁地叫粉絲們蓋牌處理，主力一定會解決股價崩跌的問題，所以要蓋牌處理，不要聽新聞在那邊鬼扯。有空還不如去 101 喝下午茶、看風景。並且表示，自己 1 張美德醫療 -DR 都不會賣，而且還會繼續逢低加碼。

　　結果小美在貼對帳單時，不小心貼錯了，被粉絲截圖，抓包到自己 200 張美德醫療 -DR 賣光光，後來從神壇上摔下來。所有粉絲對小美極度不滿，紛紛留言表示：「小美

沒安什麼好心，把敬愛小美的粉絲推入火坑，這樣妳良心
過得去嗎？」

美德醫療-DR 的總發行量是 54 萬 9,411 張，以 2020
年 10 月 29 日的成交量 11 萬 5,992 張來計算，光是這
一天，就有 21% 左右的美德醫療-DR 被賣掉。2020 年
10 月 20 日～ 10 月 30 日這 11 天，共 9 個交易日中，
美德醫療-DR 的買賣張數為 54 萬 8,800 張，大約就是美
德醫療-DR 的總發行量（依據 Goodinfo! 台灣股市資訊網
資料），也就是說，買進美德醫療-DR 的人，在 9 個交易
日中就全部賣光光，然後換另外一批人當股東。短線投機
的持有時間只有 9 個交易日。

相較之下，富邦金（2881）3 年的周轉率為 96.1%
（依據 Goodinfo! 台灣股市資訊網 2020 年 10 月 28 日
公布的資料），也就是說，買進富邦金的人，要 6 年後才
會把手中持股全部賣光光，長期投資時間達 6 年多（買進
50% ＋賣出 50% ＝周轉率 100%，所以 3 年的周轉率為
96.1%，大約要 6 年多才會全部賣光光）。這也是買進金

融股被叫做長期投資的理由，因為持有金融股的時間都很長，所以我看到有人買金融股 3 個月，在那邊哭訴炒股賠錢，都覺得很好笑。等你買金融股 6 年後還賠錢，再拿出來說吧！持有金融股不到 6 年的人，根本就是平均水準以下，這種做價差的「假存股族」，炒股賠錢也是剛剛好而已。

我們從「買進美德醫療 -DR 的人在 9 個交易日內就全部賣光光」這件事情上，就可以發現，小美出清 200 張美德醫療 -DR，其實並沒有錯。因為美德醫療 -DR 的持有壽命就是 9 天，小美還放了 1 個多月，這已經是其他短線投機者的 5 倍左右了！這就是小美能操作美德醫療 -DR 賺到 1,000 萬元的關鍵，因為小美「抱得住！抱得穩！」那些每天當沖來、當沖去的人，無法達到小美如此驚人的獲利。

即使是短線投機，「穩住，不要被洗出去」也非常重要。如果今天小美沒有賣光光美德醫療 -DR，小美的粉絲也會將美德醫療 -DR 賣光光，因為美德醫療 -DR 的持有壽命就是 9 個交易日，本週一買、下週五賣，合情合理。就算小美不坑殺粉絲，粉絲也會坑殺小美，戰場上殺人，天經地義，沒什麼好批判是非對錯。

　　小美最大的問題點應該是在截圖時，因為不小心所以沒有截好，就貼出去，被粉絲當場複製，四處宣傳。雖然小美事後刪圖重貼，但已經太遲了！小美應該要改進截圖技巧，還好網路帳號很容易取得，換個名字，小美又可以繼續當網紅了！

　　問一個問題：「如果這些人當真是小美的粉絲，又怎麼會立刻複製小美的貼圖，四處宣傳呢？愛一個女人會故意去打擊她嗎？」絕對不會，所以這群人也不是小美的粉絲，他們只是在看戲的觀眾而已。因此說小美坑殺粉絲太過沉重，小美只是在坑殺台灣人而已，坑殺一群跟自己毫無關係的台灣人。小美甚至於連這群人叫什麼名字都不知道，坑殺他們合情合理，不坑殺他們，才對不起天地良心。

用槓桿操作短線投機股就是賭博

　　小雅聽信小美的話，買進美德醫療 -DR，慘賠 210 萬元。

　　小雅在網路上發表宣言：「小美我恨妳，我真的恨死妳，

崩盤照買的股市肥羊心理學

我的存款都沒了，我詛咒妳不得好死，妳會有報應的！我每天晚上都氣到睡不著，做夢都在哭泣，飯也吃不下，大便都大不出來，每天掛賣，賣不掉。我傻，太傻了！竟然信了小美的話，壓房貸又融資，我不敢回家，人生完蛋了。我目前人在淡水河畔，好想跳下去，好崩潰，眼淚一直掉。融資已經補到斷頭邊緣，怎麼辦？我到底該怎麼辦才好？好想一了百了，不想面對明天了。」

小雅拿房貸的錢去融資，這至少有 2 倍以上的槓桿，用 2 倍的槓桿買短線投機股，這不擺明了賭博嗎？小美只是推薦買進美德醫療 -DR，她可沒叫小雅拿房貸去融資，然後小雅自己賭輸了，跑去怪小美，這公平嗎？如果今天小雅賭贏了，她是不是會感恩小美？會怎麼感恩呢？請小美吃頓飯嗎？

賭贏請人家吃頓飯，賭輸詛咒小美死全家，這就是台灣粉絲的水準。賺錢都自己的功勞，賠錢都是股市名師的錯誤，難怪小美要坑殺粉絲，本肥羊要是有這種粉絲，也會坑殺他，凡事只會牽拖別人的傢伙，根本沒資格炒股。

　　小雅跳不跳淡水河，誰在乎啊？我們又不認識小雅，何必管小雅的死活呢？至於睡不著、吃不下、便祕，這都是小雅自找的啊！自己賭這麼大，當然會造成非常嚴重的精神壓力，要怪誰呢？難道小美有拿刀架在小雅的脖子上嗎？一切都是小雅自己活該死好，完全不值得同情。小雅以為她這樣上網哭訴，會有人關懷她、安慰她嗎？其實大家都只是在看小雅笑話而已，誰會在乎小雅跳淡水河，或是去龍山寺乞討，根本沒人在乎。Oh No! Nobody cares.

❧❧❧

　　小雅跑去金管會抗議：「干預自由交易市場機制，害散戶辛苦錢化為烏有。規則說改就改，美其名為保護，卻害慘投資人，坑殺人民血汗錢。你要處置沒有問題，但怎麼能收盤之後直接宣布，而且隔天早上直接立即執行，造成投資人大量的恐慌，完全沒有公告期限，自由市場是這樣獨裁嗎？這樣的損失是投資人自己吸收還是國賠！柿子專挑軟的捏？真的是痛心！」

❧❧❧

　　金管會和證交所，原本就有權力處分異常交易的股票，

崩盤照買的股市肥羊心理學

這是合法的行為。既然散戶覺得美德醫療-DR 很好，繼續買進就好，又何必害怕金管會處置呢？分明自己也知道美德醫療-DR 是個大泡沫，才會害怕金管會來戳破。本肥羊從來就不會在乎中信金（2891）被金管會罰 400 萬元，還是 1,000 萬元，因為我對中信金有信心。買美德醫療-DR 的人，就是自己對美德醫療-DR 沒信心，才會害怕被金管會處置為 20 分鐘撮合一次。證交所的行政命令公布後，本來就應該要立即執行，元大 S&P 原油正 2（已下市）拖了半年才下市，散戶還不是照樣抗議，所以立即處置根本沒差。反正延後半年處置，散戶半年後只會大罵：「半年前為何不處置？」

伸頭一刀、縮頭也是一刀，乾脆早砍早超生。投資人自己炒股賠錢，損失當然是自己要承擔啊！哪來的國賠可言？這個做法是不是在保護投資人，看人而言，但不能讓這群散戶繼續瘋狂地炒美德醫療-DR，否則美德醫療-DR 炒作得愈高，破滅時造成的傷害愈大，台灣會出現更嚴重的混亂。

小蝶和小雅是同事，2 人在聊天。

崩盤照買的股市肥羊心理學

小蝶：「剛剛馬路上有人在撒鈔票，妳快去外面撿。」

小雅：「妳當我白痴喔！有鈔票妳不會自己撿，還會跑來叫我撿嗎？」

小蝶：「可是小美說有錢大家賺，妳怎麼不會懷疑她在騙妳呢？畢竟小美有錢可以自己賺，何必跑來叫妳賺錢呢？」

小雅：「就是因為我太信任小美，才會被她騙錢。」

小蝶：「妳連小美的本名叫什麼都不知道，妳就信任她說：『買美德醫療 -DR 會賺大錢。』我是妳的同事，妳卻不信任我說：『外面有人在撒鈔票。』」

小雅：「那是因為妳說：『馬路上有人在撒鈔票。』這謊言太扯了。」

小蝶：「小美說：『買美德醫療 -DR 會賺大錢。』這謊言就不扯嗎？」

　　從小雅和小蝶的對話中，我們可以發現許多矛盾之處。小雅為何會信任陌生人？卻不信任自己的朋友？小雅不相信外面有人撒鈔票，卻相信小美在美德醫療 -DR 撒鈔票大筆買進，讓大家賺錢。發現到詭異的點了吧？小雅若是真

的能夠輕易信任別人，就應該相信小蝶，但她卻懷疑小蝶。
這不合情理啊！

其實這單純就是心理學而已。小雅其實不信任小美，也
不信任小蝶，小雅真正信任的人是「小雅自己」，因為小
雅相信「買美德醫療-DR會賺大錢」，所以小雅在努力找
人支持自己的想法，而她找到了小美，她那不斷鼓吹「買
美德醫療-DR會賺大錢」的美夢，深深吸引了小雅的注意，
2人看法一致，因此極為投緣。

當然，小雅是個謹慎的人，她必須看小美買美德醫療-DR
是否真的會賺大錢，才能決定要不要炒股？結果小美真的
靠買美德醫療-DR賺到大錢，小雅受到了鼓舞，就這樣買
在2020年8月31日收盤價65.3元的高點。第2天
2020年9月1日收盤價71.5元，小雅現買現賺6.2元，
這鼓舞了小雅，讓她更有自信，更加堅信自己「買美德醫
療-DR會賺大錢」的想法一定正確。

其實小雅這種等網紅先賺錢，自己再跟著買股票的心態
很糟糕，這意味著小雅的成本絕對比網紅高，很容易遭到

網紅坑殺。小雅應該在網紅買了之後，就立刻跟進買股票，等股票漲了才想買的人，往往都會套牢在高點。

　　小雅在美德醫療-DR 賺了大錢後（她自認為每股一天賺6.2 元，就是賺大錢），之後就迎來美德醫療-DR 股價一連串的下跌。但相信「買美德醫療-DR 會賺大錢」的小雅，拒絕承認自己賠錢的事實，她認為美德醫療-DR 的股價只是拉回整理而已，之後還會繼續上漲。

　　剛好這時候，小美鼓吹：「粉絲們蓋牌處理，主力一定會解決股價崩跌的問題，所以要蓋牌處理，不要聽新聞在那邊鬼扯，有空還不如去 101，喝下午茶、看風景。」因此小雅相信了小美的話，或許應該說是「小美說出了，小雅自己想說的話。」總之，這 2 人還是非常投緣。

　　如果小美這時候說：「美德醫療-DR 應該要賣了（反正小美的成本是 17.5 元，早就賺了 1,000 多萬元）。」這樣小雅將會把小美視為仇人，每天批評小美沒有道義，不顧粉絲死活。所以小美不能說自己已經賣了，她不能失去粉絲，不能失去每天幾百個讚啊！所以小美選擇說謊，明

崩盤照買的股市肥羊心理學

明賣了，卻説自己還在買，這一切都是為了博取粉絲每天的噓寒問暖。

千穿萬穿，馬屁不穿，沒有粉絲掌聲的網紅，根本活不下去。即使證交所在 2020 年 9 月 24 日宣布，自 2020 年 9 月 25 日起至 2020 年 10 月 13 日，將以人工管制撮合終端機執行撮合作業，約每 20 分鐘撮合一次。小美也只能説：「自己一張都不賣，而且還繼續逢低加碼。」因為小美的粉絲想聽到這些話啊！

如果小美沒有拍粉絲馬屁，小美將會遭受到粉絲極大的批評，就如同某位長期存股大師，突然改走短線價差路線，瞬間就遭到無數黑粉的攻擊。大師不能背叛粉絲，否則就是背祖忘宗，這是多麼嚴重的罪名啊！即使這個流派就是大師自己創的，大師也不能輕易改變流派前進的方向，所謂的騎虎難下就是如此，大師只能繼續騎著老虎往前衝了。

由於小美對帳單作假被抓包，小雅驚覺到自己被小美騙了，所以才會怨恨小美。如果今天小美沒有被抓包，她可以説：「大家要有信心，我自己融資再買進 100 萬元。」

然後貼張融資 100 萬元的假對帳單出來，畢竟修圖技術太
簡單了。就算之後美德醫療 -DR 股價不斷下跌，小雅要跳
淡水河自殺，小美都可以安慰小雅說：「賠錢不過是暫時的，
美德醫療 -DR 的股價之後絕對會上漲。」粉絲還是會永遠
支持小美啊！小美輕輕鬆鬆人財兩得。

　　即使這時肥羊說：「小美早就賣光美德醫療 -DR。」小雅
還是會指責肥羊侮辱小美的人格，即使肥羊說的是事實，
小美也根本沒有人格。但小雅必須相信小美，因為懷疑小
美就等於是否定小雅自己，小雅過去為美德醫療 -DR 所投
入的一切金錢和努力，不能夠付諸流水啊！雖然這些無用
的努力，早就付諸流水了，但只要不承認自己賠錢，堅持
繼續長期投資，還是有希望賺錢的。

　　即使希望渺小到只有萬分之一的可能性，但只要機率不
是零，就有可能發生。所以元大 S&P 原油正 2 在 2020 年
11 月 13 日正式下市，才會引起投資人的憤怒，因為金管
會徹底毀掉散戶最後萬分之一的希望。雖然本肥羊完全看
不出來希望在哪裡？也不懂元大 S&P 原油正 2 清算後，拿
剩下的錢分給散戶，到底有啥不好？這只能說本肥羊信仰

不夠堅定，才會看不到散戶分開石油黑海的壯闊場面。如果你能看到散戶分開石油黑海的壯闊場面，你肯定該住精神病院了。

　　再來，我們假設小雅沒有遇到小美，她遇到的是，鼓吹「買中信金會賺 5%」的肥羊。以小雅的房貸本金 200 萬元來計算，按照肥羊的理論，不搞融資、不開槓桿，1 年大約賺 10 萬元，但還不保證能賺到 10 萬元，搞不好是賠 10 萬元。這點獲利是能幹啥呢？拿來繳房貸都不夠。這時候相信「買美德醫療 -DR 會賺大錢」的小雅，就會開始瞧不起肥羊，然後批評肥羊（通常這種人都是被本肥羊直接踢出社團，但我就假設本肥羊剛好不想踢小雅）。

　　小雅看到中信金股價下跌就會説：「不是説中信金很穩嗎？怎麼會跌呢？」看到中信金貼權就説：「不是講好每年賺 5% 嗎？怎麼今年改成賠 5% 呢？」之後就在本肥羊的社團説：「買中信金做啥？根本不會賺錢，還不如買美德醫療 -DR，隨便做都賺 5 倍，存股根本是浪費時間。」等美德醫療 -DR 的股價開始下跌後。小雅就會説：「股票價格漲多本來就會下跌，有腦袋的人早就放空囉，誰還笨笨

的抱著短線投機股,做長期投資。」於是小雅就會開始譏笑:「買美德醫療 -DR,抱到現在還不賣的人,手腳太慢了。」

還是小雅自己最厲害,說美德醫療 -DR 會漲,股價就立刻漲 5 倍;看空美德醫療 -DR,股價就立刻大跌。小雅果然是股海女神龍,戰無不勝,攻無不克。一切關於美德醫療 -DR 的小雅言論,網路上都查得到,小雅絕不是只會自吹自擂的人。這就是所謂的「不買,最無敵」的酸民,只要小雅不買美德醫療 -DR,就完全沒有任何破綻可攻擊啊!

當有人跟我推薦哪檔股票很好的時候,我都叫他去買那檔股票,不讓這群人去實現一下自己的股票幻想,他們還當真以為自己天下無敵咧!想摧毀一個人的幻想,最好的方法就是,鼓勵他實現這個幻想。

今年(2020 年)以來跟我推薦玉山金(2884)的人,賠錢了。這些人總是在股價最高點時,在社團推薦股票,還說:「玉山金歷史投資報酬率是 3 倍。」講的好像買玉山金可以賺 300%。事實上,當他們開始推薦股票時,都是歷史最高點,然後股價就一路往下跌。如果看股票歷史

就能炒股賺錢，台灣肯定每個人都是世界首富了，股票的未來，永遠無法靠歷史來得知。

看到有點亂了吧？我總結一下：

1. 堅信「買美德醫療-DR 會賺大錢」的小雅，如果遇到「買美德醫療-DR 會賺大錢」的小美，2 人會意氣相投，最後小雅將會買進美德醫療-DR，然後在買進的第 2 天賺大錢（她自認為賺大錢）。

2. 之後美德醫療-DR 的股價下跌，由於小美說：「不賣，還要逢低買進。」因此小雅認為小美夠義氣，所以把小美當成好朋友。要是小美說自己早就賣光光了，小雅會直接唾棄她。

3. 由於小美作假的對帳單被抓到，導致小雅覺得自己被背叛，因此天天詛咒小美死全家。

4. 如果小美沒有被抓到對帳單作假，小雅將會全力支持小美，2 人互相安慰，成為姊妹淘。

5. 堅信「買美德醫療-DR 會賺大錢」的小雅，如果遇到「買中信金會賺 5%」的肥羊，2 人會互看不順眼，小雅將跟肥羊社團的人爆發大火拼。

6. 由於小雅總是看著盤勢發表意見，小雅最後將成為無敵的「不買股神」。反正她看盤勢一定非常神準，畢竟她沒有買，也不可能賠錢。夠資格譏笑所有炒股賠錢的人，零績效永遠大於負績效。

7. 肥羊最後會煽動小雅去買她自己推薦的股票，讓小雅趁早賠錢，免得每天發表一些酸言酸語，聽久了真的會非常不爽。

小雅回娘家下跪哭訴後，爸媽終於決定出手幫忙，扛過這次的房貸危機，小雅不用跳淡水河了。

小美自從對帳單造假被抓包後，改名為「美人兒」，繼續教導散戶炒股。小雅又再次看上了跟她最投緣的美人兒，每天追著美人兒的言論跑。

「傻子永遠會追隨騙子」，這是自古不滅的真理。即使騙子的唬爛大法被識破，傻子也只會繼續追隨另一個騙子而已，因為傻子永遠無法離開騙子，這就是真正的愛啊！

美人兒：「最近美股跌跌不休，我就來買國泰美國道瓊（00668），賭一下美國總統唐納‧川普（Donald Trump）會用力把美股拉上去。既然是賭了，賺到牛排錢就會走人。」

美人兒買進國泰美國道瓊的時間點是 2020 年 10 月 29 日，收盤價 27.75 元。小雅覺得美人兒講話很有道理，小賺小賠就跑，不會像上次那樣慘賠 210 萬元，於是小雅跟著美人兒買進國泰美國道瓊。

到了第 2 天，2020 年 10 月 30 日國泰美國道瓊收盤價 27.28 元，股價跌了 0.47 元（1 張損失 470 元，夠吃一客不錯的牛排）。然後，美人兒沉默了，不說買，也不說賣。開始討論起「方悅服飾詐貸案」（指方悅服飾與關係企業涉嫌向銀行詐貸一事）和元大 S&P 原油正 2 可能會下市的事情，並且炫耀起自己先前買進的中信中國 50（00752），

又賺錢了。國泰美國道瓊就這樣直接被美人兒忽視，完全不予以討論。

到了 2020 年 11 月 4 日，國泰美國道瓊收盤價 28.56 元，美人兒又開始興奮地討論自己前幾天推薦的國泰美國道瓊，股價已經上漲了 0.81 元（1 張獲利 810 元，夠吃一客不錯的牛排）。但美人兒還是不說，自己要不要賣掉國泰美國道瓊。

小雅詢問時，美人兒開始打哈哈。

美人兒：「我不是投顧，不帶進帶出的，你想賣就賣，不想賣就別賣。我怎麼操作跟妳沒關係，妳自己的股票，自己決定就可以，不用問過我的意見。」

小雅不死心，繼續詢問操作的細節。

美人兒：「妳炒股賺錢是會分我花嗎？不會分我花的話，問那麼多做啥？妳是不是打算賠錢時，要跑來

找我算帳。賺錢不分我花，賠錢找我算帳，這算盤打得可真精啊！個人炒股是個人的事業，我沒必要告訴妳，我怎麼操作國泰美國道瓊，那不關妳的事。妳怎麼操作國泰美國道瓊，也一樣不用告訴我，那不關我的事。」

　　注意到問題點了嗎？從 2020 年 10 月 30 日到 11 月 4 日，不到 1 週的時間，美人兒已經完全忘記自己說的「賺到牛排錢就會走人」。她現在不想走了，想看看之後國泰美國道瓊的股價還會不會繼續往上漲？這也是散戶很常犯的毛病，說好賺多少要賣掉，等股價當真漲到這個價位，連一張都不賣。

　　而且美人兒只有說賺到牛排錢就走人，但賠了牛排錢要不要走人呢？完全不講。事實上，買進國泰美國道瓊的第 2 天，就已經賠掉牛排錢了，美人兒還是沒走啊！她在繼續套牢中。這就是散戶炒短線投機時，很常見的模式：「賺小錢不走，等著看能不能賺更多的錢？賠小錢也不走，等著看股價能不能翻身？」

　　你都花那麼多心思在這檔股票身上了，怎麼可能只賺到一客牛排錢就閃人呢？台灣每小時最低工資都 158 元了（2021 年調漲至每小時 160 元），你花了幾天幾夜研究這檔股票，然後賺到 810 元，相當於 5 小時左右的薪水，你覺得划算嗎？工作幾天幾夜，只拿到 5 小時的薪水，誰能接受啊！當然要賭大一點囉，於是說好的賺到牛排錢，很快就變成了一客 5,000 元的和牛錢。雖然價格上漲了 5 倍左右，但還是一客牛排錢沒錯啊！這就是貪婪啊，貪的不只是美人兒，小雅也在貪。小雅也想賺到一張 5,000 元的價差，否則又何必問美人兒呢？

　　為啥美人兒不想告訴小雅怎麼操作呢？因為美人兒炒國泰美國道瓊賺到錢，已經贏了。美人兒如果告訴小雅：「想等賺到 5,000 元的和牛錢再賣。」萬一國泰美國道瓊的每張股價漲不到 5,000 元（每張股價上漲 5,000 元＝每股價格上漲 5 元，每張價格＝每股價格 × 每張 1,000 股）呢？萬一國泰美國道瓊第 2 天股價下跌呢？美人兒不就把一場好好的勝仗搞成敗仗？把穩穩地賺錢，弄成賠錢。所以美人兒不能告訴小雅再來要怎麼操作。美人兒必須在粉絲面前保持完美的形象，這樣對美人兒來說最有利。但對

小雅來說，她被國泰美國道瓊卡在半空中，不知道接下來要怎麼操作？

　　很多人常跟我說：「某位股票大師有多行。」就我實際看了一下，這群大師都只講自己賺錢的，賠錢的完全閉嘴不講。就算是賺錢的股票，他們也只是每天炫耀而已，完全不說接下來要怎麼操作，追隨這樣的股市大師，根本不可能學到任何經驗，只是單純浪費自己的時間而已。

　　其實股市名師很容易炒股賺到錢，任何賠錢的股票，他都可以說自己只賠一點小錢；任何賺錢的股票，他都可以說自己賺到大錢。炒股永遠小賠大賺，這樣怎麼可能會炒股賠錢呢？當然一輩子炒股無敵啊！反正你也沒看過他的交易紀錄，買或賣，都是他出張嘴巴在吹牛，想知道詳情，就請購買訂閱文章。不過就算你訂閱了，也只會看到一堆無用的公司財務報表而已，最關鍵的操作紀錄，你這輩子永遠看不到。遮遮掩掩的對帳單，只出一張嘴的買賣進出，唬爛大師永遠讓你挑不出任何毛病。

　　小雅為啥要一直咬美人兒，問她可不可以賣國泰美國道

瓊呢？最主要原因是小雅有慘賠 210 萬元的經驗，她害怕慘劇再次發生，所以急著賣股票。但她不知道國泰美國道瓊賣了之後，股價會不會上漲？所以才一直咬住美人兒，這實在是關美人兒啥事啊？也難怪美人兒完全不想理她，其實當一個人會害怕股價下跌，他就已經不適合炒股票了。

那小雅為何還堅持炒股票呢？因為她想把先前賠掉的 210 萬元賺回來。一個人炒股都已經慘賠到必須向父母下跪請求幫忙的地步，為何還會認為自己有能力，靠炒股賺回 210 萬元呢？這實在是非常詭異。

我們常聽到短線投機的成功率只有 10% 左右，但無數的窮人都認為自己就是這 10%。如果這些窮人當真如此幸運，能擠進賺錢的 10%，那他們又為何會貧窮呢？既然幸運值這麼高，一開始出生在有錢人家庭，不就好了。

你投胎的時候，很不幸出生在貧窮的家庭；你結婚的時候，很不幸有個貧窮的老婆（老公）；你工作的時候，很不幸每天操到半死，還賺不到錢。如此一生充滿不幸遭遇的你，到底憑啥認為自己，能夠成為短線投機賺錢的 10%

幸運兒呢？一生帶衰的你，怎麼可能會有好事降臨在你身上？所以你搞短線投機也必定賠錢，因為禍不單行今日行。

　　一個工作和家庭的失敗者，絕不可能成為短線投機的成功者，至少對你而言，絕不可能。所以各位人生競賽的失敗者，麻煩收起你那不切實際的野心，放棄短線投機，好好研究長期投資。

　　長期投資的獲利雖然只有 5%，還不保證一定能賺到 5%，搞不好你會賠 5%。但以各位人生失敗組，那衰到爆表的運氣，長期投資是你最好的選擇，也是唯一的選擇。像本肥羊出生在貧民窟，從小就衰到爆，逢賭必輸。很快就認清了自己命中帶屎的命運，趁早放棄了短線投機，才能有今天長期投資的成果。人衰並不可恥，一生帶衰，還死不承認，這才叫做可恥。

　　「步出齊城門，遙望蕩陰里。里中有三墳，累累正相似。問是誰家墓，田彊古冶氏。力能排南山，又能絕地紀。一朝被讒言，二桃殺三士。誰能為此謀？相國齊晏子。」這首樂府《梁甫吟》是指，緩步走出臨淄城的城門，遙望蕭

瑟死寂的蕩陰里，那裡有 3 座墳墓緊相連，形狀大小都非常相似。請問這裡是誰家的墓地？田開疆、古冶子和公孫氏。他們的力氣能推倒南山，劍術足以斬斷地脈，不料他們一朝遭到讒言，2 顆小桃竟然殺死 3 位勇士。誰能夠設想出這個奇計呢？他就是齊國的宰相晏子（註 1）。

東洋（4105）在 2020 年 10 月 12 日下午，宣布正式取得德國藥廠 BioNTech SE（BNT）新冠肺炎疫苗有條件授權書，總計授權最多 3,000 萬劑新冠肺炎疫苗，初步估計 2021 年可望供 1,500 萬人施打。之後，東洋股價從 2020 年 10 月 12 日收盤價 69.5 元，漲到 2020 年 10

註 1：春秋時代齊景公帳下有三員大將：公孫接、田開疆、古冶子，他們戰功彪炳，但也因此恃功而驕，晏子為避免造成未來可能的禍害，建議齊景公早日消除禍患。晏子設了一個局，讓齊景公把 3 位勇士請來，要賞賜他們 3 位 2 顆珍貴的桃子；而 3 個人無法平分 2 顆桃子，晏子便提出協調辦法—3 人比功勞，功勞大的就可以取 1 顆桃。公孫接與田開疆都先報出他們自己的功績，分別各拿了 1 顆桃子。這時，古冶子認為自己功勞更大，氣得拔劍指責前二者；而公孫接與田開疆聽到古冶子報出自己的功勞之後，也自覺不如，羞愧之餘便將桃子讓出並自盡。儘管如此，古冶子卻對先前羞辱別人吹捧自己以及讓別人為自己犧牲的醜態感到羞恥，因此也拔劍自刎。就這樣，只靠著 2 顆桃子，兵不血刃地去掉 3 個威脅。

月 15 日收盤價 84.3 元，上漲 14.8 元。

接著，2020 年 11 月 3 日，東洋晚間發布新聞稿指出，經過 20 多天密集地與 BioNTech SE、衛生福利部疾病管制署協商討論，雙方對數量及價格仍有落差、未能達成一致協議，無法如期代理該疫苗進口。消息傳出，東洋股價立刻從 11 月 3 日收盤價 79.8 元跌到 11 月 4 日收盤價 71.9 元。在完稿的今天，2020 年 12 月 11 日收盤價為 68.2 元。

簡單說，東洋根本就還沒有和對方談好，就直接宣布取得 BioNTech SE 新冠肺炎疫苗有條件授權書，因為還沒有談好，所以發布新聞後，不到 1 個月的時間，雙方就談判破裂。那當初台灣東洋發這則新聞是啥意思呢？其實不難猜出答案來。說得這麼明白，還聽不懂嗎？那你果然沒有炒股的慧根，乖乖搞長期投資吧，本問題的答案不公布。

再來看另一則新聞，2016 年 12 月 18 日，遠東航空董事長張綱維表示，願意接手復興航空，改名為「遠東聯合航空」，之後宣布接手復興航空一事破局。2019 年 12

月 13 日，遠東航空宣布停飛，後來就是長期的暫停營業，董事長還被抓去關。從遠東航空本身就經營到破產來看，2016 年的遠東航空，自身尚且難保，根本不可能接手復興航空，單純就只是放消息而已。放消息卻做不到，這樣有罪嗎？根據 2020 年 11 月 5 日衛生福利部部長召開記者會的說法：「東洋發布消息無誇大不實，不建議調查。」也就是公司發布消息，只要有憑有據就行了。

　　這表示東洋只要有在跟 BioNTech SE 進行新冠肺炎疫苗的談判，就能發布重大消息，有沒有取得授權，沒關係。只要遠東航空的董事長有和復興航空進行談判，就能說遠東航空想接手復興航空，至於遠東航空到底有沒有能力接手復興航空，不重要。這樣的重大訊息，你敢相信嗎？本肥羊絕對不相信公司發布的任何重大訊息，我連 1% 的可能性都不願意去相信。

過於貪心的結果就是迎接死亡

　　賽馬場中，賭客所賺到的彩金，都是由其他賭客所提供的，莊家非但不提供任何彩金，還要抽手續費。短線投機

其實就是主力所開的賽馬場，你在短線投機所賺的每一塊錢，都是其他散戶所賠掉的錢，主力非但不提供任何的彩金，還要抽你們這群散戶的手續費。

想拿錢給主力花嗎？搞短線投機就對了。不管你搞短線投機能賺到多少錢，主力都能賺到比你更多的錢。

這樣的散戶自相殘殺，割人肉餵給主力吃，意義到底何在？很多時候不要去抱怨主力騙你，他不騙你，是要騙誰呢？股市的錢就是這麼多，短線投機就是一個炒作股價的遊戲，生不出任何錢來。

零和遊戲的特色，就是所有人最後加起來的結果，必定是「零」，而短線投機玩的就是零和遊戲。因此主力必須坑殺你，他才有錢賺；他如果不坑殺你，他就賺不到錢，也就無法炒股成功，然後當上主力。

「坑殺散戶」是主力成長的必經過程，無論主力是用假新聞來操縱股票，或是在各大股票論壇和社團討論股票，目標都是希望你能注意到這檔股票而已。只要你不理睬主

力的言論，拒絕接受這天上掉下來的「禮物」，其實是不可能賠到錢的。

很多人都以為能夠跟隨主力賺到錢，其實短線投機能賺到錢的就只有 10% 而已。你這一個人賺到錢，就意味著其他 9 個人賠錢。為啥要在主力的主持之下，進行這場散戶的血腥肉搏戰呢？你進去賽馬場能夠賺到的，永遠是賭客的錢，你不可能賺到莊家的錢。莊家只要讓你們這群賭客互賭，他在旁邊默默抽手續費就行了。

不是主力設的陷阱太完美，而是散戶太貪心，貪心到沒看到誘餌後面的陷阱。貪吃魚餌的魚，迎接牠的，永遠是死亡。

最後介紹，如何讓股市名師炒股勝算達到 90% 以上的做法。不用事後看盤，這太沒水準了，二流的唬爛大師才會看著今天的盤説：「自己昨天早就買了，或者早就賣了。」連唬爛都不會，也敢號稱自己「炒股無敵」，真是笑死人了。

1. 先用嘴砲買進 1 檔股票，這時股市名師的勝率是

50%，如果漲了，就是賺了。

2. 如果股價跌了 5%，就繼續用嘴砲買（這裡是股價第 1 次下跌）；如果漲了，就是賺了。

3. 如果股價繼續跌了 5%（總計下跌 10%（＝ 5% ＋ 5%），這裡是股價第 2 次下跌）就繼續用嘴砲買；如果漲了，就是賺了。

4. 如果跌了就收手（這裡是股價第 3 次下跌），宣布自己先賣掉一部分的股票。

5. 如果之後上漲，就說：「還好只有賣掉一部分的股票，這次總算很驚險地賺到錢了。」

6. 如果跌了（這裡是股價第 4 次下跌），就說：「已經賣光股票，還好股票數量很少，損失不大。」

7. 如果平盤呢？股票是不可能平盤的，每天都會漲漲跌跌，尤其是股市名師都玩電子股，漲跌更明顯。

從以上的做法，我們可以發現，股市名師必須連續 4 次下跌，才會賠錢。就算賠錢，反正買的股票數量很少，賠的也是小錢；但只要賺錢，買的股票數量一定很多，絕對是賺大錢。以漲跌機率各 50% 計算，連續 4 次下跌的機率是 6.25%（＝ 50%×50%×50%×50%），也就是說，光靠出一張嘴巴，而且在當天就宣布買進或賣出，就能輕鬆達到 93.75%（＝ 100% － 6.25%）的勝率。

任何人都能輕鬆的靠著一張嘴巴，當上股市名師；用嘴砲從 10 萬元，賺到 1,000 萬元。不用抱怨別的股市名師很會畫虎爛，只要照本肥羊的教法去做，你可以比這群股市名師更會畫虎爛，用嘴砲交易賺更多錢。

還在相信拿不出交易紀錄的股市名師嗎？你的腦袋真該切開來檢查一下了。

Chapter 9

犧牲篇》炒股絕非穩賺不賠
長期持有好公司就能提高勝算

　　水羊城的皇宮內，正舉辦著慶祝大勝的酒會。年輕的母羊唱歌跳舞，水羊族將軍們互賀恭喜，一盤盤各式水果不斷送上來，所有羊都非常開心。

謹羊王：「讓我們向今天的大英雄──肥羊王致敬！」

肥羊王：「客氣了，如果沒有謹羊王的支持，這計畫也不可能成功。」

謹羊王：「竟然一口氣毒殺10萬隻羊，肥羊王真不愧是『血染惡英雄』。」

肥羊王：「雙手不沾染鮮血，要如何成為可惡的大英雄呢？謹羊王也是靠鏟除無能的家人，才能順利打敗狼族，達到今天這個地位。」

謹羊王：「庸俗之輩怎麼能夠了解我們的雄心壯志呢？只

好除掉我那無用的姊姊一家 4 口，逼迫我那廢物老爸退位。沒有我過去的心狠手辣，大家現在都被抓去北方牧場，當成畜牲飼養了。如果一時心軟，不對付扯後腿的家人，這個家庭將永遠不會有光明的未來，只能生生世世沉淪於黑暗之中。」

肥羊王：「不啄破腐朽的蛋殼，小雞永遠無法誕生，先顧好自己，才能照顧家人。自己都不行了，還想照顧家人，這永遠只會是個笑話而已。一切都是靠謹羊王的英明果斷，才能為我們剷除最大的敵人——水羊族王室。」

謹羊王：「肥羊王，你對 10 萬羊族大軍下毒的行為，也實在是有夠狠啊！對了，你不是有吃下紅色藥草嗎？為啥你沒事呢？」

肥羊王：「你是哪隻眼睛看到我把紅色藥草吃下去呢？只要善用一些巧妙的手法，眼睛就會看到幻覺，腦袋就會開始幻想，其實啥都沒有發生。」

謹羊王：「真不愧是魔術師肥羊王，請問那種紅色藥草叫什麼名字呢？」

肥羊王：「『彼岸花』，具有強烈的鎮定止痛效果，同時

也是極為致命的遲緩型毒藥，是火山要塞的特
產，其他地方可找不到這玩意。」

謹羊王：「吃了就可以抵達冥河的彼岸嗎？難怪叫做彼岸
花，好名字。」

皇宮裡，持續不斷地慶祝著這場大勝，愉快的笑聲不絕
於耳；皇宮外，10 萬陣亡羊族士兵的家屬，開始在家中布
置靈堂，到處都是白色的布條，隨風飄揚著。水羊城家家
戶戶都傳出了哭泣的聲音，母親為自己的孩子哭泣、妻子
為自己的丈夫哭泣，淒屬的哭喊聲響徹雲霄，卻傳不進充
滿歡樂的皇宮。

水羊城之戰，總計陣亡 10 萬隻年輕公羊，占 50 萬水羊
族總數的 20%。如果只計算年輕公羊的話，死亡數目超過
年輕公羊的一半。這場羊族有史以來最大的勝利，其實是
基於水羊族的龐大犧牲。

打仗會死很多人的，但似乎沒有人知道這個殘酷的真相。
每天就看到一堆台灣人要跟中國決戰，他們似乎都不知道

自己會戰死；中國那邊也是一樣，每天都想要解放台灣。畢竟中國人太多了，他們不相信自己會衰到戰死，但中國人民不知道自己會餓死。

　　台海戰爭打下去，中國上海以南就是全毀，因為台灣的飛彈剛好可以打到上海。你以為台灣飛彈會炸哪裡？只炸軍事目標嗎？真是笑話。當然是核電廠、水壩、煉油廠、儲油槽炸一炸，炸完一輪以後，長江以南回到石器時代了。中國會因為台灣飛彈的破壞，再加上全世界的經濟制裁，造成大規模經濟衰退，活活餓死很多人。

　　不只台灣人對戰爭無知，中國人也一樣無知，沒有破壞和死亡，就稱不上戰爭，不會造成死亡和破壞的戰爭，不存在於世界上。無論是台灣或中國，都會從海峽戰爭中，承受到極為龐大的損失，勝利者也只會獲得一片廢墟而已。

　　炒股也是一樣，不會賠錢的炒股方式，不存在於這個世界上。當你決定炒股時，你就必須付出極為龐大的犧牲，賠錢不過是其中最微不足道的一小點而已。你會因為炒股而犧牲掉很多你意想不到的事情，這樣的犧牲值得嗎？或

許放棄炒股，才是你最明智的選擇。

　　小雅自從跟隨美人兒學習炒股之後，就開始不斷地向美人兒提出各種問題。

　　美人兒表示：「有問題去訂閱文章那兒發問，這裡是免費的臉書文章，不回答任何操作問題。」

　　小雅迫於無奈，只能購買美人兒的訂閱文章。美人兒一開始還會很認真回答小雅的問題，後來美人兒發現自己回答得愈快，小雅就問得愈快。例如：

　　早上 10 點
小雅：「台積電（2330）股價漲到 459.5 元，感覺漲不上去，是不是該賣了？」
美人兒：「先觀察看看，台積電今天股價相較於昨天，還是上漲的，不要急著賣。」

　　早上 10 點 30 分

小雅：「台積電股價已經下跌到457.5元，是不是該賣了？」

美人兒：「不急，比起昨天的價格，台積電目前還是上漲7.5
　　　　元，再等看看。」

早上 10 點 50 分

小雅：「台積電股價已經跌到 454.5 元，會不會繼續下跌
　　　呢？」

不管美人兒回答得多快速，只會看到小雅以更快的速度，
繼續發問。美人兒後來學乖了，看到小雅的問題，先放 2
個小時再回答。不管小雅怎麼拚命求救，一律裝作沒看到。

事後，小雅責問美人兒。

小雅：「為啥妳回答的速度，如此緩慢？」

美人兒：「我又不是搞當沖的，回答那麼快要做啥？妳當
　　　　我每天吃飽撐著，都不用工作，盯著盤看就有
　　　　飯吃嗎？」

崩盤照買的股市肥羊心理學

小雅這種情況，就叫做焦慮。小雅渴望著一個答案，但美人兒沒辦法給小雅一個答案。事實上，全世界沒有任何人能夠給予小雅答案，只有騙子才會擁有小雅想要的答案。

　　小雅這種人很容易被騙錢，因為她隨時隨地渴望騙子，賜給她正確的答案。所以小雅才會不停追著美人兒要答案，其實美人兒的答案很清楚啊！「台積電今天股價相較於昨天還是上漲的，不要急著賣，先觀察看看。」這真是美人兒極少數非常清楚的答案，她平時講話都超級含糊，但小雅還是不能接受這個答案。

　　「先觀察看看」這是什麼意思？要觀察什麼呢？小雅已經從早上 10 點，觀察到 10 點 30 分，觀察了整整 30 分鐘耶！台積電股價也從 459.5 元，下跌到 457.5 元，跌了整整 2 元耶！美人兒還說：「再等看看。」

　　等到 10 點 50 分，已經又過了 20 分鐘，台積電的股價都跌到 454.5 元，又下跌 3 元了！妳美人兒竟然完全失去聯繫，這是要叫小雅怎麼辦才好？沒人可以回答問題時，妳知道小雅有多麼害怕台積電股價繼續下跌嗎？

　　事實上，購買訂閱文章的人，很多都是這種焦慮症患者。他們就是焦慮，才會購買訂閱文章，每天聽聽股市名師的言語，能夠有效治療他們的焦慮症。因此優秀的名師，必須極為擅長唬爛，才能有效治療粉絲的焦慮症，「能夠得到精神病患者支持的股市名師，就能夠得到所有粉絲。」

　　我們須先深入了解一下，小雅為何會焦慮？台積電股價從 459.5 元，跌到 454.5 元，跌 5 元，小雅損失了 5,000 元，這是小雅焦慮最主要的原因。以小雅的月薪 5 萬元計算，這相當於工作 2 天～ 3 天的薪水，也就是說，小雅這 2 天～ 3 天白幹了！所以小雅非常的焦慮，這 5,000 元如果能夠在一開始就賣掉，可以讓小雅吃 10 客不錯的牛排，這損失真的是太大了！更別提第 2 天，台積電股價還跌到 451 元，小雅簡直是氣瘋了。小雅不能理解，美人兒為何不附和她的提議？這樣就能閃掉 8,500 元的損失。

　　這就是盯著盤看最大的問題點，你會開始焦慮，然後就一直問人，問到最後，別人嫌你煩，就乾脆不理你了。然後你就開始四處抱怨別人不理睬你，這樣對於你的人際關係，會產生極為嚴重的破壞。如果你是母親，小孩會嫌你

崩盤照買的股市肥羊心理學

囉嗦；如果你是妻子，丈夫會想搞外遇；如果你是女兒，父母會想把你送去住精神病院。

如果情緒上的反應，會影響到這個人的人際關係，這其實就是一種精神疾病。每天盯著盤看，導致自己的精神病發作，真是太不值得了。還是長期投資好，每天只需要舒舒服服地睡覺就行了，3 個月不看盤也沒差，長期投資真是治療「看盤焦慮」的最佳神藥。

如果我們身旁有這種焦慮症發作的家人，我們都會罵他，逼他不准再炒股票。但這樣做有用嗎？肯定沒用。你罵他，讓這群精神病家人感受到挫折，得不到家庭溫暖，他只能往外尋求協助，找騙子來溫暖他寒冷的心靈，這樣不是讓事情變得更糟糕嗎？你應該要拋棄這種精神病家人才對！

好吧！我承認拋棄家人對你來講，可能有點困難，「血染惡英雄」不是每個人都能夠當的。但至少你不應該再罵他，你應該去關心他，告訴他：「你愛他。」你們之間的感情不需要金錢，因為是真愛，只要 2 人真心相愛，就算只是每天吃白米飯配醬油，你也感到非常開心。給他一個

大大的擁抱，關心他、溫暖他。

　　為何要去排斥你的精神病家人呢？你不愛你的家人，是想叫誰去愛你的家人呢？有時候自己的態度也該檢討一下，是不是你每天都在哭么家裡沒錢，才會逼得家人必須去炒股賺錢？你的家人變得如此焦慮，難道你連一點點的責任都沒有嗎？家人的支持，是治療精神病最好的良藥。

股市反映出最真實的人性

　　小真在購買元大 S&P 原油正 2（已下市）賠錢後，繼續加碼元大 S&P 原油正 2，因為她相信必須在眾人恐懼時貪婪，而且石油是民生必需品，怎麼可能會有問題？誰家不用石油的？

　　在經過一連串的謹慎評估之後，小真認為油價在 2021 年必定會大漲，於是勇敢地買進元大 S&P 原油正 2，並且向所有家人誇下海口：「等 2021 農曆新年來到時，自己將會大賺特賺，到時每人分 1 萬元紅包。」

但元大 S&P 原油正 2 卻在 2020 年 11 月 13 日被主管機關勒令下市，小真跑去金管會抗議：「油價明明就已經開始在漲了，為什麼不再多給我一點時間，給我 1 年就好，1 年後我一定會大賺的。」

　　小真就是犯了「思想僵化」的毛病。你要是當真覺得石油會大漲，可以跑去買石油期貨，不想搞期貨，也還有元大 S&P 石油（00642U）。為啥要搞 1 檔快倒的 ETF 呢？

　　原因很簡單，小真買元大 S&P 原油正 2 賠錢，所以她拚命地想要讓自己的元大 S&P 原油正 2 賺錢。所謂的謹慎評估，全部是鬼扯，她只是在替自己繼續買元大 S&P 原油正 2 找藉口而已。

　　小真的眼裡只看得到元大 S&P 原油正 2，你跟她說啥石油期貨，還是元大 S&P 石油，她完全都聽不進去，她就是只要元大 S&P 原油正 2 而已。這就是典型的「思想僵化」，俗語叫做鑽牛角尖、老頑固，她就是一定要這樣子做，其他做法完全都不能接受。

　　我們常看到很多散戶喜歡不斷加碼賠錢的股票，其他賺錢的股票完全都不加碼，甚至賣光光，再拿賣掉的錢，來買那檔賠錢的股票。思想僵化的人，最後必然脫離現實，被時代所拋棄。我以前認識一位網友，不管你跟他說啥，他最後都能扯到自己的土地被侵占，講話永遠千篇一律，都是在說土地被侵占，後來火大就罵他，直接趕走了。

　　在現實生活中，思想僵化十分常見。例如夫妻吵架，每次都吵妻子 20 年前嫁妝太少、丈夫 15 年前搞婚外情，講來講去都一樣，小孩聽到都會背了。妻子 20 年前嫁妝太少沒關係啊！想想她這 20 年來帶小孩，洗衣、煮菜，照顧家庭，多麼辛苦，更別提週年慶時，還得瘋狂大血拼，何必計較她 20 年前兩手空空地嫁進來呢？多疼愛老婆一點，有關係嗎？丈夫 15 年前搞婚外情就算了，至少他這 15 年內都沒搞外遇，誰人無錯，男人特別愛犯錯，忍著點也就過去了。

　　生活中，眼裡不要只看到別人的錯誤，卻對別人的正確完全視而不見；也不要只看到賠錢的那檔股票，會賺錢的股票更需要你的關愛。股市反映出人性，執著於一件事情

的人，思想必然會發生偏差，財富也將永遠離開你。

　　小雅覺得跟隨美人兒炒股根本沒用，回覆速度太慢，原本穩穩賺的股票，就在那兒浪費時間，等待美人兒的回覆，等到都變成賠錢了。於是小雅決定自己來，在上班時盯著盤看，每 5 分鐘～ 10 分鐘就滑一次手機，連主管開會時也在滑手機，然後被主管叫去罵，威脅再滑手機就直接開除。

　　很多人都覺得當沖最安全，今天買、今天賣，只要不留庫存股票，這樣是能賠多少錢呢？持續盯著盤看，更能注意到股價的轉折，不至於股票都已經在殺盤了，自己還傻傻地跑進去買（本肥羊是滿愛在殺盤時進場買股票，長期投資想法和短線投機完全不同）。

　　認為當沖能夠賺到錢，其實是很愚蠢的，你有考慮過手續費和稅金的問題嗎？你用 5 分鐘的線型下去看，確實能夠注意到很多細微的變化，你可以知道有人開始在敲進、有人在倒貨。問題是你看到又怎樣？看著別人的買賣，無

法讓你賺到錢啊！

我們以 2020 年 11 月 11 日的台積電來講，你可以看到從 9 點 5 分的 450 元，一路漲到 10 點 30 分的 457 元，然後掉到 11 點 10 分的 455 元。我假設你買在 9 點 25 分的 453 元，然後你賣在 11 點 10 分的 455 元，獲利 2 元（＝ 455 元－ 453 元）。

用以上條件來計算，你花 45 萬 3,000 元買賣台積電，獲利 2,000 元。當沖的證交稅 0.15%，為 680 元（＝ 45 萬 3,000 元 ×0.15%），手續費 6 折為 776 元（採四捨五入計算，45 萬 3,000 元 ×0.1425%×0.6 ＝ 387 元，45 萬 5,000 元 ×0.1425%×0.6 ＝ 389 元，387 元＋ 389 元＝ 776 元），你淨賺 544 元（＝ 2,000 元－ 680 元－ 776 元）。

盯了一整天的盤就賺 544 元。我假設你 1 個月就這樣賺了 20 天，你盯著盤看的月薪為 1 萬 880 元（＝ 544 元 ×20 天），這樣划算嗎？還不如去上班賺錢。如果小雅因為盯著盤看被主管開除，那麼她就損失了 5 萬元的月薪。

賺 1 萬 880 元賠 5 萬元，怎麼算都是賠錢。

上述討論的還是你當沖賺錢，如果你當沖賠錢又失業，下場就更淒慘。因此一般人不可能玩當沖，也不可能每天盯著盤看，更不可能搞短線投機，因為你要上班！哪個主管能夠容許你每天打混摸魚，盯著盤看？我問過一些工程師，他們上班的第一件事情就是交出手機，穿著無塵衣開始搞機器。這種情況下要怎麼看盤？根本不可能！除非各位已經財富自由到可以不用上班，否則搞短線投機不可行。

如果要辭職專心操盤的話，你至少要每個月炒股都能賺 3 萬元，還要連續賺 3 年以上，否則也不用做白日夢啦！像我 2020 年光是現金股利就領了 136 萬元，我也還是在工作。年輕人不努力上班，每天只想靠炒股發大財，實在是不可取。

長期投資最重要的就是信仰要夠堅定

小真原本有購買富邦金（2881），而且在 2020 年 3 月

台股崩盤時，小真撐過去了，傻子才會賣在崩盤的最低點。小真可不是傻子，眾人都恐懼時，當然要貪婪啊！小真非但沒賣掉富邦金，還繼續加碼。

結果富邦金的股價從 2020 年 3 月 19 日的收盤價 34.85 元，一路漲到 7 月 6 日的收盤價 43.3 元，小真非常得意於自己優秀的判斷能力。然而，之後富邦金的股價卻是一路下跌，9 月 24 日收盤價來到 40.6 元。弔詭的是，同時期台股加權指數（TSE）卻是一路上漲，從 2020 年 7 月 6 日收盤價 1 萬 2,116 點，上漲到 9 月 24 日收盤價 1 萬 2,264 點，一共上漲 148 點，這還沒把除權息蒸發掉的點數算回去。

如此大漲的情勢之下，富邦金股價怎麼反而下跌呢？這不合乎常理啊！小真開始試著去找富邦金下跌的理由，終於發現到，原來是因為富邦金的淨值減少，從 2019 年的 52.85 元，下跌至 2020 年第 2 季的 51.82 元，淨值整整蒸發了 1.03 元（依據 Goodinfo! 台灣股市資訊網資料）。

主要就是金融資產跌價，再加上一些呆帳，以及富邦金在中國的投資，受到「中國經濟惡化（註 1）」影響。

小真認為富邦金獲利全是假的，那都只是帳面數字而已，事實上，富邦金根本是賠錢的。淨值減少 1.03 元，就是鐵證如山，等「國際財務報導準則（IFRS）17 號公報」（保險公司投資賠錢要立刻列入虧損，賺錢則在期間內逐期認列）實施後，富邦金將會出現年年虧損的慘況，保險公司根本不值得投資啊！

　　小真愈是研究富邦金的情況，探索愈多理財達人的財經文章，愈覺得情況不對勁。小真最後受不了壓力，在 2020 年 9 月 25 日以收盤價 40.8 元，賣掉富邦金，結果之後富邦金股價一路上漲，2020 年 11 月 11 日收盤價為 45.55 元。而且富邦金 10 月底每股淨值為 56.83 元，比起 2019 年的 52.85 元，還增加了 2.98 元。說好的淨值蒸發，富邦金大幅度虧損，究竟在哪裡呢？

　　問個問題，既然 IFRS 17 號公報會導致保險公司大幅度虧損，那台灣的保險公司應該會全數倒閉，你為啥還沒把自己手上的保險單賣掉呢？保險公司都倒了，保險單當然會變成廢紙，那你為啥還買保險呢？不可思議啊！保險公

司不可能會倒閉的，這一切都是理財專家和新聞在鬼扯，證據就是台新金（2887）在 2020 年 8 月 11 日晚間宣布，將以 55 億元買下保德信人壽台灣子公司。

如果保險公司當真那麼爛，實施 IFRS 17 號公報後，會年年虧損，台新金何必花 55 億元購買保德信人壽台灣子公司呢？你們當台新金董事長是傻子，全世界只有你一個人是天才嗎？連你這種凡夫俗子都知道 IFRS 17 號公報，台新金董事長會不知道嗎？

別太瞧得起自己。公司開門就是要賺錢的，走私生意有人幹，賠錢生意無人肯，所以 IFRS 17 號公報不可能會導致保險公司大幅度虧損。如果富邦金可以撐過 28 年的風雨飄搖（富邦銀行於 1992 年創立，於 2001 年整合成金融控股公司），富邦金也可以在 IFRS 17 號公報的打擊之

崩盤照買的股市肥羊心理學

註 1：台灣人特別喜歡唱衰中國經濟惡化，2020 年中國經濟惡化到「年度 GDP 還有 1% 以上的成長」。從前總統陳水扁執政時代開始，這 20 年來，中國經濟年年惡化，中國 GDP 年年成長。中國經濟惡化與台海戰爭，併稱為台灣 2 大不可思議的嘴砲謎團，本肥羊真的很怕活得不夠久，沒機會親眼見證到中國經濟惡化與台海戰爭。

下，繼續支撐 28 年。更別提富邦金已經被金管會欽點為「大到不能倒」的銀行，如此規模龐大的公司，各位到底在怕啥呢？

小真最大的問題點在於「信仰不足」，信仰不足的人，很容易因為別人的打擊，對自己投資的公司產生懷疑。懷疑公司虧損、懷疑公司做假帳、懷疑公司會倒閉，你一旦懷疑起這家公司，你就會開始去找「證據」。

台灣最不缺的就是證據，你一定可以找到一堆公司未來會虧損，甚至倒閉的證據。這些證據將會強烈支撐你的懷疑，逼迫你把股票賣掉，因為公司未來會虧損，甚至倒閉。你不能抱著一堆沒有未來的股票啊！結果等你賣掉這家爛公司之後，股票就會開始上漲，公司也沒有發生虧損，更別提會倒閉了。

每個人的未來都會死亡，每家公司的未來都會虧損，甚至倒閉。這種機率 100%，絕對會發生的事情，還需要找啥證據？當一個人開始在討論未來的事務時，就證明他已經瘋了。

　　我們將人對股票的信仰分為 0 分～ 100 分，本肥羊應該是 99 分，保留 1 分，表示本肥羊相信，這世上有人信仰比我更加堅定。基本上，信仰在 80 分以上，就不太可能被理財專家和新聞所影響。信仰 20 分以下的人，也不可能會被理財專家和新聞影響，因為他根本不會去買股票。所以真正會被理財專家和新聞所影響的人，就是信仰 20 分～ 80 分的人（俗稱的「信仰不足」）。

　　如果要操縱股票價格，就必須去影響這群「信仰不足」的人。只要讓這群「信仰不足」的人賣光股票，就只剩下「信仰堅定」和「沒有信仰」的人。

　　「信仰堅定」的人不可能賣掉股票，「沒有信仰」的人也不可能賣掉股票，因為他根本沒有股票，也就是說，這時候市場上沒有人會賣股票。當沒有人願意賣股票的時候，股票就只能上漲了。這解釋了為何信仰不足的人，沒賣掉股票之前，股票不會上漲；一賣掉股票，股票就立刻大漲。

　　信仰堅定很重要啊！長期投資最重要的就是信仰要夠堅定，說來很簡單，其實能做到的人很少。因此我都會鼓勵

信仰不足的人，在股價上漲 5% 時，就賣掉 5% 的股票數量；股價下跌 5% 時，就買進 5% 的股票數量，按照這種「標準型肥羊派波浪理論」，進行反覆的低買高賣，可以有效堅定你對股票的信仰。高點賣出股票，也能降低你持有太多股票的壓力，低買高賣所產生的價差，也能拿來跟家人炫耀，證明自己炒股如神。

雖然標準型肥羊派波浪理論能夠獲得的利潤很少，但對於堅定信仰和安撫心靈，有很大的幫助。當然如果你的信仰夠堅定，想要搞只買不賣的定存股玩法，也是可以的，前提是你的信仰真的夠堅定。就我看來，存股沒超過 3 年的人，都沒資格自稱信仰堅定。

很多人會質疑我們這群信仰堅定的人，與那群堅持投資元大 S&P 原油正 2 的人，到底有啥差別？差別在於我們相信的是「事實」；投資元大 S&P 原油正 2 的人，相信的是「幻想」，鐵粉跟狂粉是不一樣的。

我們相信富邦金沒有問題，因為這是台灣最大的金融控股公司，最大的壽險業，金管會認證大到不能倒的 6 家銀

行之一（富邦、國泰、中信、兆豐、合庫、第一），總資產超過 5 兆元，是台灣中央政府 2020 年度歲入總預算 2 兆 1,000 億元的 2 倍多。如此富可敵國的公司，你到底怕什麼？你為何不能信仰這家公司？

而元大 S&P 原油正 2 的最高總規模為 400 萬張，以 2020 年 11 月 12 日下市前的最後收盤價 0.75 元計算，總價值為 30 億元。更別提下市前，元大投信早已回收超過 50% 的元大 S&P 原油正 2，投資人只剩下不到 3 萬人。規模 5 兆元的大公司，跟一個規模只有 30 億元的小基金在比，雙方相差 1,600 多倍。然後你認為我們買富邦金的人跟買元大 S&P 原油正 2 的人，都一樣是狂信者，有沒有搞錯啊？

這就像第二次世界大戰時，相信德國坦克車能炸爛波蘭騎兵的人，就證明他腦袋清楚；相信波蘭騎兵能砍爛德國坦克車的人，就證明他腦袋有問題。同樣是信仰，信仰強者才是王道，信仰弱者叫做愚蠢。公司的大小，決定你信仰的正確與否。當然啦！信仰只發生在長期投資者身上而已，短線投機者就完全不需要任何信仰了。

小真買股票有個習慣，凡是她買進的股票，一律會叫身旁的人跟著買，並且誇耀這檔股票有多好；凡是她賣掉的股票，一律叫身旁的人跟著賣，並且到處批評這檔股票有多爛。

　　小真最近買了台積電，於是她就到處告訴所有人，台積電有多麼優秀，競爭力世界第 1，要大家一起買。等小真賣掉台積電之後，就開始批評台積電本益比太高，現金股利太少，要大家趕快賣，免得被主力坑殺在最高點。

　　同一檔股票在 3 個月內，評價從很好降到很爛，台積電是有在這 3 個月內發生什麼大事嗎？其實單純就是看小真是買進或賣出而已。

　　人類是一種群眾性動物，人們不只會跟隨著多數人走，還會想辦法讓自己成為多數人，因此會努力煽動別人跟自己一樣。你買股票，別人就應該買股票，唱衰你的股票就

是仇人；你賣股票，別人就應該賣股票，支持這檔股票就是你的仇人。常看到一堆人，為了 1 檔股票的好壞，彼此互相叫罵，實在是蠢到爆了。任何會讓你賺錢的股票，就是好股票；任何會讓你賠錢的股票，就是爛股票。這是有啥好爭的？

例如你在 2020 年 10 月 30 日，以收盤價 40.7 元買進富邦金，以 2020 年 11 月 13 日的收盤價 45.3 元來計算，你賺了 4.6 元（＝ 45.3 元－ 40.7 元），那麼富邦金對你而言，就是好股票；相反的，如果你在 2020 年 10 月 30 日，以收盤價 40.7 元放空富邦金，以 2020 年 11 月 13 日的收盤價 45.3 元來計算，你損失了 4.6 元（＝ 40.7 元－ 45.3 元），那麼富邦金對你而言就是爛股票。

因此股票的好或爛，單純是看操盤者的技術。操盤者技術好，連停止買賣的康友 -KY（6452），都能操到賺大錢；操盤者的技術爛，狂漲不止的台積電，都能操到慘賠出場。因此不需要爭辯公司的好壞，真正該爭辯的是操盤者的技術好壞，但是酸民總是把自己炒股賠錢，怪罪到公司頭上，真是藉口無敵多啊！

2020 年 11 月 15 日，台新金的理財專員，因為炒期貨賠掉 3 億元，最後侵占客戶的錢，被抓去關。小蝶拿這則新聞，給想炒期貨的小真看。

小真：「那是因為他技術爛，炒期貨才會賠錢。」
小蝶：「難道妳炒期貨的技術就很好嗎？」
小真：「當然了，誰會爛到輸給一個賠錢的廢物。」

　　小真到底憑啥認為自己的技術比台新金的理財專員好呢？小真不過是一個期貨菜鳥，台新金的理財專員可是炒期貨 10 年以上的老手，這其實就是在吹牛而已。人總是不斷地吹牛，想要展現出自己比別人優秀，但實際上呢？比別人還要爛，卻死不承認。吹牛之人看不清楚現實，必須想辦法讓他慘賠，否則永遠不知悔改，以後看到有人炒股賠到破產，不需要予以任何同情。誰叫他們愛吹牛，誰叫他們自認為有能力，靠短線投機賺大錢，炒股賠錢最讚啦！人世間從此少了一個只會吹牛裝逼的傢伙，普天同賀！

要知道即使是大戶，炒短線也是有可能賠錢的。我們以凱基松山的分點進出為例：

2020 年 11 月 10 日，買進華航（2610）1 億 3,940 萬 7,000 元，1 萬 5,071 張，買進價 9.25 元（＝1 億 3,940 萬 7,000 元 ÷1 萬 5,071 張 ÷ 每張 1,000 股）。

2020 年 11 月 11 日，賣出華航 1 億 9,589 萬 5,000 元，2 萬 1,770 張，賣出價 9 元（＝1 億 9,589 萬 5,000 元 ÷2 萬 1,770 張 ÷ 每張 1,000 股）。

賣出張數比買進張數多出 6,699 張（＝2 萬 1,770 張－1 萬 5,071 張）。推測多出的部分應該是凱基松山先前就庫存好的華航股票，但也有可能是消息走漏，其他散戶跟著凱基松山一起跑。但不管怎樣，凱基松山在 2020 年 11 月 10 日買進的華航，肯定是賠錢，價差 -0.25 元（＝9 元－9.25 元），估計損失金額 376 萬 7,750 元（＝1 萬 5,071 張 ×（-0.25 元）× 每張 1,000 股）。

以上的計算，雖然是本肥羊個人的推測，但相信離事實

也不會太過遙遠。凱基松山可是主力喔！這種億來億去的交易金額，誰能做到呢？但照樣還是賠錢啊！主力已經被公認是短線投機的最頂級高手，但主力做短線投機照樣賠錢，一般散戶搞短線投機，根本是專程衝出去送死。

「戰城南，死郭北，野死不葬烏可食。為我謂烏：且為客嚎！野死諒不葬，腐肉安能去子逃？水深激激，蒲葦冥冥；梟騎戰鬥死，駑馬徘徊鳴。」這首《戰城南》是在描述，從城南開始打仗，最後戰死在城北，士兵的屍體沒有埋葬，烏鴉前來啄食。請替我對烏鴉說：「吃屍體之前，請為我們悲鳴幾聲！戰死在野外，沒人會替我們埋葬，這些腐爛的肉，哪能從你們的口中逃掉呢？」清澈透明的河水在不停地流淌着，茂密的蒲葦草顯得更加蔥鬱。勇敢的騎兵戰死，疲憊的戰馬仍在士兵屍體附近悲鳴。

這首詩反映出戰場的冷酷無情，無數士兵死亡，化為腐爛的屍體，無人過問。股市也是戰場，多少散戶在股市戰死，有誰在乎呢？短線投機只要有 1 個人發財就行了，大家就會拚命吹捧短線投機的美好，其他 9 個人破產沒關係。股市徹底淪為散戶瘋狂下注的合法賭場，鼓勵借錢豪賭的

財經網紅隨處可見，可曾有人為這群炒股破產的散戶悲鳴幾聲呢？

金融股獲利變動性小，較容易預測未來

　　長期投資的理論其實很簡單，假設現金股利是股價的 5%，那麼你每年都可以獲得的利潤就是 5%。當然會有人吐槽你：「領完 5% 現金股利後，股價就會變成 95%，其實你沒有賺錢。」本來就不會因為除權息而賺錢啊！要等股價回到除權息前的價格，你才會賺 5%，除權息後股價下跌的話，你非但沒有賺 5%，還會賠 5%。這樣我們的利潤在哪裡呢？就是猜測股票價格不會變成 0 元。

　　只要股票價格不會變成 0 元，你靠領 5% 現金股利，20年後就可以回本了。那如果公司獲利愈來愈差呢？你就會賠錢，但如果公司獲利愈來愈好，你就會大大地賺錢。因為你無法知道公司未來獲利的好壞，所以你只能猜公司未來會維持現狀。

　　當然，你可以説長期投資 20 年後，中信金（2891）會

倒閉；我也可以說長期投資 20 年後，中信金股價會變成
200 元。既然未來如何無人可知，中信金 20 年後的股價
就是 0 元～ 200 元，我無法說你的中信金股價 0 元錯誤，
你也無法說我的中信金股價 200 元錯誤。事實上，這種長
期投資的觀點，適用於所有股票。無論是金融股、傳統產
業，還是電子股，統統都可以適用於這種長期投資的觀點。

挑選金融股，只是因為獲利變動性小，比較容易算出 20
年後的未來，你要將這套方法拿去用在獲利變動很大的電
子股，也行。我先前賠錢的宏碁（2353），如果在 2012
年沒有賣掉，放到現在 2020 年，也是賺錢啊！只要公司
不倒閉，有獲利，長期投資就是會賺錢，一切就是這麼簡
單，差別在於需要等多久而已。我個人認為等 20 年以內，
都是合理的，如果公司年年虧損，你就等著賠錢吧。

沒有人能夠知道 20 年後會怎樣，所以我們才需要每年去
追蹤這些股票，計算公司的獲利是否值得繼續投資。我們
之所以每一年都要針對股票進行評價，就是要告訴你這檔
股票，今年是否值得投資，你今年投資中信金、明年投資
中信金，不表示中信金後年就值得投資，一切都是變動的。

如果中信金不值得投資，你就放著別賣，每年領現金股利，等 20 年後回本就好了。之後就是看中信金可以撐幾年，撐不到 20 年就是賠錢，撐超過 20 年就是賺錢，很簡單的道理。

　本肥羊一生中投資過很多股票，包含玉山金（2884）、中鋼（2002）、民興紡織（已下市）、華航、宏碁、華碩（2357）、中華電（2412）、台塑（1301）、第一金（2892）、中信金、富邦金。如果這 11 檔股票我都放著不動的話，只有 2 檔會賠錢（民興紡織和華航），剩下的 9 檔股票都會賺錢。什麼事情都不做的情況下，勝率是82%（＝9 檔 ÷11 檔 ×100%）。

　那你為啥還要堅持把股票賣掉呢？很多人覺得只投資中信金和富邦金很危險，沒關係，台灣有 15 家金融控股公司，你可以全買啊！難道 15 家金融控股公司會全倒嗎？以賺錢機率 82% 計算，長期投資這 15 家金融控股公司，會有 3 家賠錢，12 家賺錢，你就全壓嘛！全壓就對了！我推薦中信金和富邦金，只是因為我認為這 2 家的勝率最高，當然也許最後只有中信金和富邦金賠錢，其他 13 家全部

賺錢。沒關係，本肥羊賠得起。如果你賠不起，就 15 家金融控股公司全壓，這樣最穩啦！

　　每年股市都有很多人賠錢、破產，甚至自殺，這不是什麼新聞。本肥羊盡量用比較穩的炒股方法，來教導各位，我自認為有 90% 以上的勝算，當然了，我也有不到 10% 的失敗率。如果你覺得 10% 的炒股失敗率太高，沒關係，你可以去找別人學習。但我相信你找不到勝率 100% 的股市名師教你，唬爛率 100% 的股市名師倒是很常見。連凱基松山這種程度的主力，炒華航都會賠錢了，炒股要想穩賺不賠，根本不可能。股市就是一場戰爭，不怕死的再來學炒股，怕死的就別來了。

崩盤照買的股市肥羊心理學

投資大到不會倒的公司
賺錢就只是時間問題而已

　　如果你買了一幅世界名畫，價值 3,000 萬元。3,000 萬元
這個價格，是別人說的，你要怎麼證明這幅畫價值 3,000
萬元呢？別人也可以吐槽你，這幅畫只有價值 300 萬元。
如果今天美術館的館長，看過這幅畫後，告訴你這幅畫只
有價值 600 萬元，你應該怎麼辦呢？用 600 萬元把這幅畫
賣掉嗎？當你沒有鑑賞畫作的能力時，價格就是隨便別人
喊的。

　　雖然這幅世界名畫經過美術館長鑑定後，只值 600 萬元，
但這幅畫每年光靠展覽，可以賺進 150 萬元。你願不願意
用 600 萬元的價格賣掉這幅畫呢？肯定是不願意啊！展覽
4 年就能回本了，你又何必賣 600 萬元呢？因此你很堅持
一定要賣 3,000 萬元。

這時美術館長肯定會譏笑你：「區區 600 萬元的畫作，也敢賣 3,000 萬元，簡直是癡人說夢話！這樣吧，看你可憐，我用 1,200 萬元買下來，反正是報公家帳，沒差啦。」此時你的妻子和朋友，都紛紛勸你：「1,200 萬元的價格已經很好了，展覽又不是每年都能賺 150 萬元，千萬別不知足，拿回一點，算一點。」

如果你聽自己親朋好友的話，用 1,200 萬元賣掉這幅畫，你就是只拿回 1,200 萬元，1,800 萬元就是賠光囉。當你決定相信家人時，你就只能照家人說的價格，賣掉這幅畫了。

話說美術館長願意用 1,200 萬元，買下 600 萬元的畫，你都不覺得奇怪嗎？這樣做他淨損失 600 萬元耶！雖說是報公家帳，他本身沒賠錢啦。但你跟美術館長很熟嗎？他為啥要犧牲自己來救你呢？沒有去懷疑別人的好意時，你就注定會掉入圈套。當你賣掉畫時，如果有人願意去買這幅畫，就證明別人認為這個價格很便宜。換句話說，你賣太便宜了，便宜到一堆人搶著買。

由於你覺得美術館長是個騙子，你就自己拿世界名畫去

法國巴黎羅浮宮鑑定，算出來的價格是 1,500 萬元，這價格其實和美術館長算出來的差不多，考慮到美術館長還得賺一手，他喊 1,200 萬元，只賺你 300 萬元而已，其實算良心價了。羅浮宮已經是世界級的美術館了，不可能會去騙你這點小錢，那麼你願意用 1,500 萬元的價格，賣掉這幅世界名畫嗎？你賣掉就是當場損失 1,500 萬元，你不賣就得靠每年 150 萬元的展覽費來賺錢。你賣或不賣？

如果你對這幅畫有信心，你只要展覽 20 年，你就是賺錢。如果你對這幅畫沒有信心，那你只能賣了啊！20 年後的事情，誰能知道呢？當市場價格不如你的預期時，比的就是信仰堅定，誰的信仰不堅定，這個人就必然會被市場洗出去。信仰這玩意是完全沒有任何根據的，就是因為沒有根據，才叫做信仰啊！有根據就不算信仰囉。因此不用跟任何人解釋，你的信仰依據為何？因為你根本就拿不出任何依據來。多解釋，只是多丟臉而已，不如別解釋。

既然你不願意賠錢賣掉世界名畫，那麼你就只能自己靠每年 150 萬元的展覽費，來努力賺回這 3,000 萬元。但展覽不是件簡單的事情，你要拉參觀動線、安排餐飲、掃廁

所，雜事是很多的。

你也有可能運氣太差，碰到新冠肺炎（COVID-19）疫情，展覽費瞬間掉到 75 萬元，甚至虧損，這些都是有可能發生的事情。你要撐得住啊！不只是撐住展覽世界名畫的經營壓力，還要能撐得住老婆和朋友的閒言閒語，還有美術館長的譏笑嘲諷。撐不過去，你就只能把世界名畫賣掉，然後永久承受賠錢的損失。

如果你堅持自己開展覽，20 年後，你將有可能會出現下列 4 種結局：

結局 1》你已經靠展覽世界名畫賺了 3,000 萬元。在此恭喜你，不只是賺回 3,000 萬元而已，你還可以每年領 150 萬元的展覽費，名利雙收。

結局 2》由於你的經營手腕強大，展覽費增加到 300 萬元，你已經靠展覽世界名畫賺了 6,000 萬元。在此恭喜你，不只是賺回 6,000 萬元而已，你還可以每年領 300 萬元的展覽費，威名遠播四方，連電視台都得來採訪你。

結局 3》由於你的經營手腕不佳，展覽費減少到 75 萬元，你只靠展覽世界名畫賺了 1,500 萬元。在此勉勵你，請再繼續努力 20 年，總共長期經營 40 年，就能回本了。

　　結局 4》你不只是展覽費減少到 75 萬元而已，10 年之後還被新聞踢爆，這幅世界名畫是假畫。你只靠展覽世界名畫賺了 750 萬元，淨損失了 2,250 萬元，而且永無回本之日。

　　從這 4 種結局來看，可以發現，最糟糕的是結局 4。因此你必須有分辨假畫的能力，這是所有能力中最重要，也是最基本的。至於展覽費賺多賺少，反而還是其次，反正展覽費賺太少，多辦幾年展覽，問題也就解決了。至於最後到底是結局 1、結局 2 或結局 3，也不重要，反正有賺錢就行了，賺多或是賺少，其實沒什麼差啦。

　　那如果你這幅價值 3,000 萬元的世界名畫，一開始就有人願意出 6,000 萬元購買呢？那就看你要不要賣囉。賣了，你就是賺 3,000 萬元；不賣，就是每年展覽費 150 萬元慢慢收而已。我們這裡主要討論的是，別人只願意以低價收購你的畫；如果別人願意用高價收購的你的畫，其實是「完

全不予以討論」。

　上述這個故事，跟炒股票有什麼關係呢？其實你只要把上面的「世界名畫」替換成「股票」，「美術館長」換成「股市名師」，「展覽費」換成「現金股利」，答案就出來了。

　長期投資只有在炒股賠錢時，才需要討論；炒股賺錢時，其實是不需要煩惱的。如果你很擔心股價下跌，就用「標準型肥羊派波浪理論」來買賣，「股價上漲5%，賣掉5%股票數量；股價下跌5%，買進5%股票數量」。如果你信仰很堅定，只買不賣也可以，這一切都是看你。

　長期投資其實就是辦展覽，一切成敗全部是看公司的好壞，沒有任何人能向你保證，每年領現金股利一定就會賺錢。但只要公司不倒，賺錢就只是時間問題而已。就像剛剛辦畫展的故事，只要想辦法避開買到假畫的結局4，剩下的3種結局統統都會賺錢，差在時間長短而已。

　從結局2的10年就賺錢，到結局3的40年才會賺錢，反正都是賺錢，時間拖久一點，其實也是沒差的。所以才

要挑大到不能倒的公司，只要能避開結局 4，我們賺錢的機率就是 99%，保留 1% 的可能性，以示謙虛。

如果你擔心買中信金（2891）會賠錢，拿到中信金的現金股利後，就不要再買中信金，沒關係的，不再投入任何的新資金，只要每年領現金股利，你賺錢也只是時間問題而已。當然，如果你想賺更多的錢，拿現金股利去買中信金，這樣也可以，但如此做法，就不能保證你的中信金，一定能夠拿回成本了。然而只要你信仰夠堅定的話，每年用現金股利繼續買中信金，甚至連自己的薪水都投入，也是沒問題的。

如果你實在是擔心中信金出問題，但你又不想賣中信金，你可以用中信金的現金股利，買富邦金（2881）。這樣你中信金就可以靠現金股利收回成本，但富邦金能不能賺錢，又是另一個問題了。

就我自己實際操作中信金和富邦金的經驗來看，由於我在大盤下跌時不斷進場拉低平均成本，所以 2020 年依舊有 220 萬 3,810 元的獲利（雖然大部分是 2019 年的未實現獲

利）。從 1999 年～ 2020 年，我的炒股總獲利為 1,332 萬 810 元，至今股票市值已達 2,886 萬 1,300 元，並且公開股票存摺供所有人檢視（詳見自序）。下列附上 2020 年獲利的詳細計算方式，如有錯誤，歡迎各位讀者糾正。

以中信金 2020 年 12 月 7 日收盤價 19.55 元計算，扣掉買進平均成本 18.01 元，等於每股獲利 1.54 元（＝ 19.55 元－ 18.01 元）。總持有張數為 1,334 張，在不計算交易成本的情況下，中信金獲利為 205 萬 4,360 元（＝ 1.54 元 × 1,334 張 × 每張 1,000 股）；若以現價計算，中信金資產為 2,607 萬 9,700 元（＝ 19.55 元 × 1,334 張 × 每張 1,000 股）。

富邦金同樣以 2020 年 12 月 7 日收盤價 45.6 元計算，扣掉買進的平均成本 43.15 元，等於每股獲利 2.45 元（＝ 45.6 元－ 43.15 元）。總持有張數為 61 張，在不計算交易成本的情況下，富邦金獲利為 14 萬 9,450 元（＝ 2.45 元 × 61 張 × 每張 1,000 股）；若以現價計算，富邦金資產為 278 萬 1,600 元（＝ 45.6 元 × 61 張 × 每張 1,000 股）。

從上述可知，截至 2020 年 12 月 7 日，本肥羊的獲利為

220 萬 3,810 元（＝ 205 萬 4,360 元＋ 14 萬 9,450 元），
總股票資產為 2,886 萬 1,300 元（＝ 2,607 萬 9,700 元＋
278 萬 1,600 元）。

當你避開危險時，迎接你的永遠只會是另一個危險而已。
1 個危險比較安全，還是 2 個危險比較安全？這就看你自
己的想法了。其實只要人活著，就是危險，一定要等死了，
才會安全。生為黑暗之子，你是永遠不可能脫離黑暗的，
如果你下定決心脫離黑暗，迎向光明，最後你只會發現，
自己被太陽活活曬死。

人們習慣用自己的角度，來看待事物。當看到黑暗之子
躲在陰暗的角落時，就會逼他走出來，迎接光明。等黑暗
之子被太陽活活曬死時，就說：「自己只是好心而已，誰
會知道黑暗之子不能曬太陽呢？」把人搞死了，還說自己
好心，世間的人們就是如此厚顏無恥。

就像股市名師常說：「你買的元大 S&P 原油正 2 下市，
和我（編按：指股市名師）有什麼關係呢？」因為是股市
名師推薦的啊！推薦的 ETF 下市，卻說和自己沒關係，這

和活活曬死黑暗之子的好心人，有何差別呢？難怪這位股市名師黑粉滿天下，走到哪都會被人嗆，活該死好，不值得同情。永遠別相信他人的善心建議，除非你想死。

凡是思想異於常人者，必定遭受到別人譏笑和排擠，這是肥羊流派天生的罪孽，永遠無法避免。記得我念高中時，很喜歡寫文章，然後被老師評價為「垃圾」；大學聯考時，作文成績也爛爆了，我也曾經一度懷疑自己沒有文學方面的才能；如今我已經出版第 3 本書，證明自己的文學才能了，這些當年把我的文章評價為「垃圾」的老師們，可曾出來道過歉呢？

你永遠無法和懷疑自己的人爭辯，你只能用時間來證明自己的正確。本肥羊花了 30 年的時間，證明自己的文學才能，相信你得花上更久的時間，才能證明自己的思想正確。無論如何，等待都是必須的，請耐心點，在結果出來前，被人譏笑，就是你的命運。

人們習慣用股市的理論，來談論股票。本肥羊對此很不以為然，難道不能從其他地方來談論股票嗎？不能從心理

學來談論股票嗎？不能從畫展來談論股票嗎？股票難道只能買賣而已嗎？你不能去經營股票嗎？

天下學問之大，何止諸子百家而已。無論是種田、睡覺，甚至看動漫、打電玩，所有的生活作息，都能和股票扯上關係啊！本肥羊不打算讓你更加深入了解股市，那完全沒用。我只想帶你從另一個角度，來看待股票，一個全新、你完全意想不到的角度。

「益州險塞，沃野千里，天府之土，高祖因之以成帝業。劉璋闇弱，張魯在北，民殷國富而不知存恤，智能之士思得明君。」這首《隆中對》白話翻譯就是，益州地勢險要，有廣闊肥沃的土地，自然條件優越，物產豐富，漢高祖憑藉它建立了帝業。劉璋昏庸懦弱，張魯在北面占據漢中，那裡人民殷實富裕，物產豐富，劉璋卻不知道愛惜，有才能的人都渴望得到賢明的君主。

這是諸葛亮對益州的描述，後來益州成為劉備的根據地，但劉備後來沒有統一天下。3大君主相提並論，第1是曹操，第2是孫權，劉備只配排行第3，因此劉備不可能統一天下，

《隆中對》從一開始就不是為了統一天下而做的規畫，充其量只能算是據地為王的偏安策略而已。

金融股的資本額極為龐大，甚至被金管會稱為「大到不能倒」，每年的現金股利也很多，加上又是特許行業，普通人無法隨意開設銀行，欠缺競爭對手。目前有許多股市名師，拚命地看衰金融股，壓低了金融股的股價，如此受到世人唾棄的便宜金融股，就如同當年偏安一方的益州，大家可有絲毫的興趣呢？歡迎喜歡據地為王，欠缺雄心壯志的劉備派人士，購買金融股，志在一統天下的曹操派人士，就去追逐 500 元的台積電（2330）吧！

本書到此也該收個尾了，雖然還有很多可以繼續談下去，但紙張是需要成本的。如果還有可能，我們會在第 4 本書討論剩下的問題，好的書籍需要您的支持，否則您就只會看到市面上，都是一些騙錢的股票書籍而已。祝大家在 2021 年炒股大吉大利，人人現金股利破百萬元，飯吃得下，覺也睡得著，天天開心，躺著數鈔票，睡覺就能賺錢。

崩盤照買的股市肥羊心理學

國家圖書館出版品預行編目資料

崩盤照買的股市肥羊心理學/翁建原著. -- 一版. -- 臺
北市：Smart智富文化, 城邦文化事業股份有限公司,
2021.01
　面；　公分
ISBN 978-986-99847-0-6(平裝)

1.股票投資 2.投資技術 3.投資分析

563.53　　　　　　　　　　　　　109020488

Smart 智富
崩盤照買的股市肥羊心理學

作者	翁建原
文字整理	周明欣

商周集團	
執行長	郭奕伶
總經理	朱紀中

Smart 智富	
社長	林正峰
總編輯	劉　萍
總監	楊巧鈴
編輯	邱慧真、施茵曼、王容瑄、張乃偵、陳婕妤、陳婉庭、蔣明倫、劉鈺雯
資深主任設計	張麗珍
版面構成	林美玲、廖洲文、廖彥嘉

出版	Smart 智富
地址	104 台北市中山區民生東路二段 141 號 4 樓
網站	smart.businessweekly.com.tw
客戶服務專線	（02）2510-8888
客戶服務傳真	（02）2503-5868
發行	英屬蓋曼群島商家庭傳媒股份有限公司城邦分公司

製版印刷	科樂印刷事業股份有限公司
初版一刷	2021 年 1 月
初版五刷	2023 年 6 月
ISBN	978-986 99847-0-6

Smart 智富 讀者服務卡

為了提供您更優質的服務，《Smart 智富》會不定期提供您最新的出版訊息、優惠通知及活動消息。請您提起筆來，馬上填寫本回函！填寫完畢後，免貼郵票，請直接寄回本公司或傳真回覆。Smart 傳真專線：（02）2500-1956

1. 您若同意 Smart 智富透過電子郵件，提供最新的活動訊息與出版品介紹，請留下電子郵件信箱：

2. 您購買本書的地點為：□超商，例：7-11、全家
   □連鎖書店，例：金石堂、誠品
   □網路書店，例：博客來、金石堂網路書店
   □量販店，例：家樂福、大潤發、愛買
   □一般書店

3. 您最常閱讀 Smart 智富哪一種出版品？
   □ Smart 智富月刊（每月 1 日出刊）　　□ Smart 叢書　　□ Smart DVD

4. 您有參加過 Smart 智富的實體活動課程嗎？　□有參加　　□沒興趣　　□考慮中
   或對課程活動有任何建議或需要改進事宜：

5. 您希望加強對何種投資理財工具做更深入的了解？
   □現股交易　　□當沖　　□期貨　　□權證　　□選擇權　　□房地產
   □海外基金　　□國內基金　　□其他：

6. 對本書內容、編排或其他產品、活動，有需要改善的事項，歡迎告訴我們，如希望 Smart 提供其他新的服務，也請讓我們知道：

您的基本資料：（請詳細填寫下列基本資料，本刊對個人資料均予保密，謝謝）

姓名：　　　　　　　　　　　　　　性別：□男　□女

出生年份：　　　　　　　　　　　　聯絡電話：

通訊地址：

從事產業：□軍人　□公教　□農業　□傳產業　□科技業　□服務業　□自營商　□家管

您也可以掃描右方 QR Code、回傳電子表單，提供您寶貴的意見。

想知道 Smart 智富各項課程最新消息，快加入 Smart 自學網 Line@。

104 台北市民生東路 2 段 141 號 4 樓

行銷部 收

●請沿著虛線對摺，謝謝。

書號：WBSI0100A1
書名：**崩盤照買的股市肥羊心理學**